O Homem Mais Rico da Babilônia

Escrito

por

George Samuel Clason

Publicado

por

Motmot.org

Conteúdo

Sobre George Samuel Clason 5

Prefácio 6

Uma visão histórica da Babilônia 8

O homem que desejava ouro 14

O homem mais rico da Babilônia 22

Sete princípios para engordar sua carteira 34
    O primeiro princípio 38
    O segundo princípio 41
    O terceiro princípio 44
    O quarto princípio 47
    O quinto princípio 49
    O sexto princípio 51
    O sétimo princípio 54

Conheça a deusa da boa sorte 57

Leis do ouro 72

As cinco leis do ouro 78
    A primeira lei do ouro 83
    A segunda lei do ouro 84
    A terceira lei do ouro 85
    A quarta lei do ouro 86

A quinta lei do ouro 87

O financiador da Babilônia................................. 90

As muralhas da Babilônia 104

O comerciante de camelos da Babilônia............... 109

As tabuletas de argila da Babilônia..................... 121
    Tabuleta número 1 123
    Tabuleta número 2 125
    Tabuleta número 3 126
    Tabuleta número 4 128
    Tabuleta número 5 130

O homem mais sortudo da Babilônia 135

25 frases-chaves... 155

Diante de você está seu futuro, como uma estrada que se estende ao longo da distância. Ao longo desse caminho estão as ambições que você deseja realizar... vontades que você deseja gratificar.

Para realizar suas ambições e desejos, você precisa ter sucesso com dinheiro. Utilize os princípios financeiros descritos neste livro. Deixe-os guiá-lo das restrições de uma carteira escassa até a vida mais plena e feliz que uma carteira cheia permite.

Como a lei da gravidade, os princípios que você encontrará neste livro são universais e imutáveis. Que eles sejam para você, como foram para tantos outros, uma chave segura para uma carteira cheia, saldos bancários maiores e um progresso financeiro gratificante.

O dinheiro é abundante para aqueles que entendem as leis simples de sua aquisição.

- Comece a encher sua carteira
- Controle seus gastos
- Faça seu ouro se multiplicar
- Evite que seus tesouros se percam
- Faça de sua casa um investimento lucrativo
- Assegure uma renda futura
- Aumente seu poder aquisitivo

Sobre George Samuel Clason

GEORGE SAMUEL CLASON nasceu na Louisiana, Missouri, em 7 de novembro de 1874. Ele frequentou a Universidade de Nebraska e serviu no Exército dos Estados Unidos durante a Guerra Hispano-Americana. Ele começou uma longa carreira editorial, fundando a Clason Map Company em Denver, Colorado, e publicando o primeiro atlas rodoviário dos Estados Unidos e Canadá. Em 1926, ele publicou o primeiro de uma famosa série de livretos sobre parcimônia e sucesso financeiro, usando parábolas ambientadas na antiga Babilônia para demonstrar cada um de seus pontos. Estes livretos foram distribuídos em grandes quantidades por bancos e companhias de seguros e se tornaram familiares a milhões de pessoas, sendo o mais famoso "O Homem mais rico da Babilônia", a parábola da qual o presente volume toma seu título. Estas "parábolas babilônicas" se tornaram um clássico moderno para melhorar as finanças pessoais.

Prefácio

Nossa prosperidade como nação depende da prosperidade financeira pessoal de cada um de nós como indivíduos.

Este livro é sobre os sucessos pessoais de cada um de nós. Sucesso significa realização como resultado de nossos próprios esforços e habilidades. Uma preparação adequada é a chave para nosso sucesso. Nossas ações não podem ser mais sábias do que nossos pensamentos. Nossos pensamentos não podem ser mais sábios do que nossa compreensão.

Este livro, que fornece a solução para carteiras vazias, foi descrito como um guia para o entendimento financeiro. Esse é seu propósito: oferecer àqueles ambiciosos para o sucesso financeiro uma visão que os ajude a adquirir dinheiro, mantê-lo e fazer com que seus excedentes ganhem mais dinheiro.

Nas páginas seguintes, mudamos para a Babilônia, o berço onde os princípios básicos de finanças que agora são reconhecidos e utilizados em todo o mundo foram cultivados.

Para os novos leitores, o autor tem o prazer de desejar que estas páginas contenham para eles a mesma inspiração para o crescimento de suas contas bancárias, maior sucesso financeiro e resolução dos difíceis problemas financeiros pessoais relatados tão entusiasticamente pelos leitores de costa a costa.

Aos empresários que distribuíram estas histórias em quantidades tão generosas para amigos, parentes, funcionários e associados, o autor aproveita esta oportunidade para expressar sua gratidão. Nenhum endosso poderia ser maior que o de homens práticos que apreciam seus ensinamentos, porque eles mesmos alcançaram êxitos importantes aplicando estes mesmos princípios.

A Babilônia tornou-se a cidade mais rica do mundo antigo porque seus cidadãos eram as pessoas mais ricas de seu tempo. Eles apreciavam o valor do dinheiro. Eles praticavam princípios financeiros sólidos para adquirir dinheiro, guardá-lo e fazer com que seu dinheiro ganhasse mais dinheiro. Eles ganhavam em abundância o que todos nós desejamos: renda para o futuro.

G. S. C.

Uma visão histórica da Babilônia

Nas páginas da história, não há cidade mais glamorosa do que a Babilônia. Seu próprio nome conjura visões de riqueza e esplendor. Seus tesouros de ouro e joias eram fabulosos. Naturalmente se imaginaria que uma cidade tão rica estaria situada em um cenário de luxo tropical, cercada pelos ricos recursos naturais das florestas e das minas. Mas não foi assim. Estava situada junto ao rio Eufrates, em um vale plano e árido. Não tinha florestas, nem minas, nem recursos de construção. Não estava nem mesmo localizada perto de uma rota comercial. As chuvas eram insuficientes para o cultivo de culturas.

A Babilônia é um excelente exemplo da capacidade do homem de atingir grandes objetivos, usando todos os meios à sua disposição. Todos os recursos que sustentavam esta grande cidade foram desenvolvidos pelo homem. Todas as suas riquezas foram criadas pelo homem.

A Babilônia possuía apenas dois recursos naturais: solo fértil e água dos rios. Com uma das maiores realizações de engenharia dessa ou de qualquer outra época, os engenheiros babilônicos desviaram as águas do rio por meio de represas e imensos canais de irrigação. Por todo esse vale árido, esses canais foram estendidos para despejar as águas que davam vida sobre o solo fértil. Este é um dos mais antigos feitos de engenharia conhecidos na história. O mundo nunca havia visto colheitas tão abundantes como as obtidas com este sistema de irrigação.

Felizmente, durante sua longa existência, a Babilônia foi governada por sucessivas linhagens de reis para os quais a conquista e o saque foram apenas acidentais. Embora a Babilônia tenha participado de muitas guerras, a maioria delas foi defensiva contra conquistadores ambiciosos de outros países que cobiçavam os fabulosos tesouros da Babilônia. Os governantes excepcionais da Babilônia vivem na história por sua sabedoria, empreendimento e justiça. A Babilônia não produziu monarcas que procurassem conquistar o mundo conhecido para que todas as nações prestassem homenagem ao seu egoísmo.

Como cidade, a Babilônia não existe mais. Quando as forças humanas que construíram e mantiveram a cidade por milhares de anos se retiraram, ela logo se tornou uma ruína deserta. O local da cidade fica na Ásia, cerca de mil quilômetros ao leste do Canal de Suez, ao norte do Golfo Pérsico. A latitude está cerca de 30 graus acima do equador, mais ou menos a mesma de Yuma, Arizona. Ela tinha um clima semelhante ao desta cidade americana, quente e seco.

Hoje, este vale do Eufrates, outrora uma próspera área agrícola irrigada, é mais uma vez um deserto árido e ventoso. As escassas gramíneas e arbustos do deserto lutam pela existência contra as areias sopradas pelo vento. Os campos férteis, os mercados gigantescos e as longas caravanas de produtos de luxo desapareceram. Os únicos habitantes são bandos nômades de árabes que vivem de pequenos rebanhos. Este tem sido o caso desde o início da era cristã.

Este vale está cheio de colinas de terra. Durante séculos, os viajantes os consideravam como colinas sem importância. Eventualmente, a atenção dos arqueólogos foi atraída pelas peças de cerâmica e tijolos quebrados e levados pela chuva ocasional. Expedições, financiadas por museus europeus e americanos, foram enviadas para escavar e ver o que poderia ser encontrado. Picaretas e pás logo provaram que estas colinas eram cidades antigas. Túmulos de grandes cidades antigas - como poderíamos chamá-los.

Sobre a Babilônia, por cerca de vinte séculos, os ventos haviam espalhado a poeira do deserto. Originalmente construídas de tijolos, todas as paredes expostas haviam se desintegrado e caído de volta na terra. Esta é hoje a Babilônia, a cidade mais importante de seu tempo. Um monte de sujeira, abandonado por tanto tempo que nenhuma pessoa viva sabia seu nome até que foi descoberto pela remoção cuidadosa dos escombros das ruas e dos restos caídos de seus nobres templos e palácios.

Muitos cientistas consideram a civilização babilônica, e outras da região, como a mais antiga de que há registo. Sua data é estabelecida há cerca de 8.000 anos.

Um fato interessante a este respeito é o meio utilizado para determinar estas datas. As descrições de um eclipse solar foram encontradas nas ruínas da Babilônia. Os astrônomos modernos calcularam facilmente o tempo deste eclipse, visível na Babilônia, e assim estabeleceram uma relação conhecida entre o calendário deles e o nosso.

Assim, constatamos que há 8000 anos, os sumérios, que habitavam a Babilônia viviam em cidades muradas. Quantos séculos antes tais cidades haviam existido só podem ser conjecturados. Seus habitantes não eram bárbaros, vivendo dentro de paredes protetoras. Eles eram um povo culto e esclarecido. No que diz respeito à história escrita, eles foram os primeiros engenheiros, os primeiros astrônomos, os primeiros matemáticos, os primeiros financistas e as primeiras pessoas a terem uma linguagem escrita.

Já foi feita menção aos sistemas de irrigação que transformaram o vale árido em um paraíso agrícola. Os restos destes canais ainda podem ser rastreados, embora a maior parte deles esteja cheia de areia acumulada. Alguns deles eram de tal tamanho que, quando vazios de água, uma dúzia de cavalos podia cavalgar sobre seu leito de cada vez. Eles são comparáveis em tamanho aos maiores canais do Colorado e Utah.

Além da irrigação das terras do vale, os engenheiros babilônicos realizaram outro projeto de magnitude semelhante. Por meio de um elaborado sistema de drenagem, eles recuperaram uma vasta área de pântano na foz dos rios Eufrates e Tigre e a colocaram para cultivo.

Heródoto, o viajante e historiador grego, visitou a Babilônia quando estava em seu auge e nos deu a única descrição conhecida de um forasteiro. Seus escritos dão uma descrição gráfica da cidade e de alguns dos costumes incomuns de seus habitantes. Ele menciona a notável fertilidade do solo e a abundante colheita de trigo e cevada que eles produziam.

A glória da Babilônia desvaneceu-se, mas sua sabedoria foi preservada para nós. Por isto estamos em dívida com sua forma de manutenção de registros. Nessa época distante, o uso do papel não havia sido inventado. Em vez disso, eles registravam com cuidado seus escritos em tabuletas de argila úmida. Uma vez terminados, elas eram assadas e transformadas em telhas duras. Elas tinham cerca de 15 por 20 centímetros de tamanho e 2,5 centímetros de espessura.

Estas tabuletas de barro, como são comumente chamados, foram utilizados de forma muito semelhante à escrita moderna. Nelas estavam gravadas lendas, poesia, história, transcrições de decretos reais, leis da terra, títulos de propriedade, notas promissórias e até mesmo cartas enviadas por mensageiros a cidades distantes. Estas placas de argila nos dão uma visão dos assuntos íntimos e pessoais do povo. Por exemplo, uma tabuleta, evidentemente dos registros de um comerciante rural, relata que em determinada data um determinado cliente trouxe uma vaca e a trocou por sete sacos de trigo, três dos quais foram entregues no local e os outros quatro foram deixados para quando o cliente os quisesse.

Arqueólogos recuperaram bibliotecas inteiras destas tabuletas, centenas de milhares delas, enterradas nas cidades destruídas.

Uma das maravilhas mais notáveis da Babilônia eram as imensas muralhas que circundavam a cidade. Os antigos as classificaram, junto com a Grande Pirâmide do Egito, entre as "sete maravilhas do mundo". A Rainha Semiramis é creditada por ter erguido as primeiras muralhas durante o início da história da cidade. As escavadeiras modernas não foram capazes de encontrar nenhum vestígio das paredes originais. Tampouco é conhecida sua altura exata. Do que é mencionado pelos primeiros escritores, estima-se que elas tinham entre 15 e 20 metros de altura, com uma cobertura externa de tijolos queimados e protegidas por um fosso profundo de água.

As últimas e mais famosas muralhas foram iniciadas cerca de seiscentos anos antes da época de Cristo pelo rei Nabopolassar. Ele planejou a reconstrução em uma escala tão gigantesca que não viveu para ver o trabalho concluído. Ele o deixou para seu filho, Nabucodonosor, cujo nome é familiar na história bíblica.

A altura e o comprimento dessas muralhas posteriores são incríveis. Diz-se que elas tinham cerca de 60 metros de altura, o equivalente à altura de um edifício moderno de escritórios de 15 andares. O comprimento total é estimado entre 14 e 17 quilômetros. A parte superior era tão larga que uma carruagem de seis cavalos podia contorná-la. Desta tremenda estrutura, pouco resta agora, exceto partes das fundações e do fosso. Além da devastação dos elementos, os árabes completaram a destruição, removendo os tijolos para construírem em outro lugar.

Contra os muros da Babilônia marcharam, por sua vez, os exércitos vitoriosos de quase todos os conquistadores daquela era de guerras de conquista. Um grande número de reis sitiou a Babilônia, mas sempre em vão. Os historiadores falam de unidades de até 10.000 cavaleiros, 25.000 carruagens, 1.200 regimentos de soldados com 1.000 homens por regimento. Muitas vezes foram necessários dois ou três anos de preparação para preparar materiais de guerra e depósitos de alimentos ao longo da linha de marcha proposta. A cidade da Babilônia foi organizada como uma cidade moderna. Havia ruas e lojas.

Vendedores ofereciam suas mercadorias pelos bairros residenciais. Sacerdotes cultuavam em magníficos templos. Dentro da cidade, havia um recinto interno para os palácios reais. Diz-se que as paredes deste recinto eram mais altas do que as da cidade.

Os babilônios eram habilidosos nas artes. Estas incluíam escultura, pintura, tecelagem, ourivesaria e fabricação de armas metálicas e implementos agrícolas. Seus joalheiros criaram as jóias mais artísticas.Muitas amostrar foram recuperadas dos túmulos de seus cidadãos ricos e estão agora em exposição nos principais museus do mundo.

Antigamente, quando o resto do mundo ainda cortava árvores com machados de cabeça de pedra, ou caçava e lutava com lanças e flechas de ponta de lança, os babilônios usavam machados de cabeça de metal, lanças e flechas. Os babilônios eram financistas e comerciantes habilidosos. Tanto quanto sabemos, eles foram os inventores originais do dinheiro como meio de troca, notas promissórias e escrituras.

Exércitos hostis nunca entraram na Babilônia até cerca de 540 anos antes do nascimento de Cristo.

Mesmo assim, as muralhas não foram capturadas. A história da queda da Babilônia é muito incomum. Ciro, um dos grandes conquistadores da época, pretendia atacar a cidade e esperava tomar suas inexpugnáveis muralhas.

Os conselheiros de Nabonidus, o rei da Babilônia, persuadiram-no a sair ao encontro de Ciro e dar-lhe batalha sem esperar que a cidade fosse sitiada. O exército babilônico foi derrotado e fugiu da cidade. Ciro entrou então através dos portões abertos e tomou posse sem resistência.

Depois disso, o poder e o prestígio da cidade diminuíram gradualmente até que, no decorrer de algumas centenas de anos, ela foi finalmente abandonada, deixada aos ventos e tempestades para nivelar novamente aquela terra desértica sobre a qual sua grandeza havia sido originalmente construída. A Babilônia havia caído, para nunca mais ressuscitar, mas a ela a civilização deve muito.

Os eons do tempo transformaram as paredes orgulhosas de seus templos em pó, mas a sabedoria da Babilônia perdura.

> *O dinheiro é o meio pelo qual o sucesso terreno é medido. O dinheiro torna possível desfrutar do melhor que a terra tem a oferecer.*

> *O dinheiro é abundante para aqueles que entendem as simples leis que regem sua aquisição.*

> *O dinheiro é governado hoje pelas mesmas leis que o controlavam quando homens prósperos andavam pelas ruas da Babilônia seis mil anos atrás.*

O homem que desejava ouro

Bansir, o construtor de carruagens da Babilônia, estava totalmente desanimado. De seu assento sob a parede baixa ao redor de sua propriedade, ele olhou com tristeza para sua casa simples e para a oficina aberta na qual estava uma carruagem parcialmente acabada.

Sua esposa aparecia frequentemente na porta. Seus olhares furtivos em sua direção o lembravam que o saco de ração estava quase vazio e que ele devia estar no trabalho terminando a carruagem, martelando e esculpindo, polindo e pintando, apertando o couro nas jantes, preparando-a para a entrega, para que ele pudesse receber de seu rico cliente.

Entretanto, seu corpo gordo e musculoso permaneceu sentado na parede. Sua mente lenta lutou pacientemente com um problema para o qual ele não encontrou resposta.

O sol quente e tropical, tão típico deste vale do Eufrates, batia impiedosamente sobre ele. Grânulos de suor se formaram em sua testa e caíram despercebidos na selva de cabelos em seu peito.

Além de sua casa ficava a muralha alta e escalonada que rodeava o palácio do rei. Perto, clivando os céus azuis, estava a torre pintada do Templo de Bel. À sombra de tal grandeza estava sua casa simples e muitas outras muito menos arrumadas e bem guardadas. A Babilônia era assim: uma mistura de grandeza e miséria, de riqueza deslumbrante e pobreza abjeta, amontoada sem plano ou sistema dentro das muralhas protetoras da cidade.

Atrás dele, se ele tivesse se preocupado em olhar, as carruagens barulhentas dos ricos empurravam e empurravam para o lado os comerciantes de sandália e os mendigos descalços. Até mesmo os ricos foram forçados a se afastarem para a sarjeta para abrir o caminho para as longas filas de escravos transportadores de água, ao "Serviço do Rei", cada um carregando um pesado odre de água para ser derramado nos jardins suspensos. Bansir estava muito absorto em seu próprio problema para ouvir ou prestar atenção à agitação confusa da cidade movimentada. Foi o inesperado toque dos fios de uma lira familiar que o despertou de seu devaneio. Ele se virou e olhou para o rosto sensível e sorridente de seu melhor amigo, Kobbi, o músico.

-Que os deuses te abençoem com grande liberalidade, meu bom amigo", disse Kobbi com uma elaborada saudação. "Parece, no entanto, que eles já foram tão generosos que você nem precisa trabalhar. Eu me alegro com você em sua boa sorte. De fato, eu gostaria até de compartilhá-la com vocês. Peço-lhe, de sua bolsa, que deve ser saliente, caso contrário você estaria ocupado em sua tenda, que extraia apenas dois humildes shekels e os empreste até depois da festa dos nobres de hoje à noite. Você não sentirá falta deles antes que eu os devolva a você".

-Se eu tivesse dois shekels", respondeu Bansir com tristeza, "eu não poderia emprestá-los a ninguém, nem mesmo a você, meu melhor amigo, pois eles seriam minha fortuna, toda minha fortuna. Ninguém empresta toda sua fortuna, nem mesmo a seu melhor amigo".

-O quê? -Você não tem um shekel em sua bolsa, e mesmo assim se senta como uma estátua na parede! Por que você não termina essa carruagem? De que outra forma você pode satisfazer seu nobre apetite? Não é de seu feitio, meu amigo; onde está sua infinita energia? Algo o aflige? Os deuses lhe trouxeram problemas?

- Deve ser um tormento dos deuses", disse Bansir. "Começou com um sonho, um sonho sem sentido, no qual eu pensava que era um homem de meios. Do meu cinto penduramos uma linda bolsa, cheia de moedas. Havia shekels que eu jogava com liberdade despreocupada aos mendigos; havia peças de prata com as quais eu comprava joias para minha esposa e tudo o que eu desejava; havia peças de ouro que me faziam sentir seguro do futuro e não ter medo de gastar a prata. Um sentimento glorioso de satisfação veio sobre mim. Você não me teria reconhecido como seu amigo de trabalho. Nem você teria reconhecido minha esposa, seu rosto livre de rugas e resplandecente de felicidade. Ela era novamente a donzela sorridente de nossos primeiros dias de casados".

"Um sonho agradável, de fato", comentou Kobbi, "mas por que sentimentos tão agradáveis como aqueles que você sonhou deveriam transformá-lo em uma estátua na parede"?

-Porque quando acordei e me lembrei de como minha bolsa estava vazia, fiquei tomado por um sentimento de rebeldia. Vamos falar sobre isso juntos, pois, como dizem os marinheiros, viajamos no mesmo barco, nós dois. Quando éramos crianças, fomos juntos com os sacerdotes para aprender com sua sabedoria. Como jovens, nós compartilhamos os prazeres da vida. Como homens adultos, sempre fomos amigos íntimos. Sempre estivemos satisfeitos com nossa classe econômica. Temos nos contentado em trabalhar longas horas e gastar nossos ganhos livremente. Temos ganho muito dinheiro nos anos que se passaram, mas para conhecer as alegrias que vêm da riqueza, devemos sonhar com elas. Bah! Somos mais do que ovelhas burras? Vivemos na cidade mais rica de todo o mundo. Os viajantes dizem que nenhuma se iguala a ela em riqueza.

"Ao nosso redor há tanta riqueza, mas nós mesmos não temos nada. Depois de meia vida de trabalho duro, você, meu melhor amigo, tem uma bolsa vazia e me diz":

"Você vai me emprestar dois shekels até depois da festa dos nobres esta noite?

"Então eu digo: "Aqui está minha bolsa; seu conteúdo terei prazer em compartilhar"? Não, admito que minha bolsa está tão vazia quanto a sua. Por que não podemos adquirir prata e ouro, mais do que suficiente para alimentos e roupas"?

"Considere também nossos filhos", continuou Bansir, "eles não estão seguindo os passos de seus pais? Eles e suas famílias e seus filhos e as famílias de seus filhos devem viver toda a vida em meio a tais tesouros de ouro, e ainda assim contentar-se, como nós estamos, com festas de leite de cabra azedo e mingau de papa"?

-Nunca, em todos os anos de nossa amizade, você já falou assim, Bansir", Kobbi ficou perplexo.

-Nunca em todos estes anos eu tinha pensado assim. Desde o amanhecer até a escuridão me parar, trabalhei para construir as melhores carruagens que qualquer homem poderia fazer, esperando de todo o coração que um dia os Deuses reconhecessem meus feitos dignos e me concedessem grande prosperidade.

"Isto eles nunca fizeram. Finalmente, percebo que eles nunca o farão. Portanto, meu coração está triste. Desejo ser um homem de meios. Desejo possuir terra e gado, ter roupas finas e moedas na minha bolsa. Estou disposto a trabalhar por essas coisas com toda a força das minhas costas, com toda a habilidade das minhas mãos, com toda a astúcia da minha mente, mas desejo que meu trabalho seja justamente recompensado. E nós"?

"Mais uma vez pergunto: por que não podemos ter a nossa quota das coisas boas tão abundante para aqueles que têm o ouro com o qual comprá-las"?

-Se eu soubesse a resposta! -Kobbi respondeu: "Não estou mais satisfeito do que você está".

-Os ganhos de minha lira acabam rapidamente. Muitas vezes eu tenho que planejar e planejar para que minha família não passe fome. Além disso, dentro do meu peito há um profundo desejo por uma lira suficientemente grande para que eu possa realmente cantar os acordes da música que surge na minha mente. Com tal instrumento eu poderia fazer música mais fina do que até mesmo o rei ouviu.

-Você deveria ter tal lira. Nenhum homem em toda a Babilônia poderia tocá-la mais docemente; você poderia produzir as melodias mais doces que, não apenas o rei, mas os próprios Deuses ficariam encantados em ouvir. Mas como você pode tentar enquanto somos ambos tão pobres quanto os escravos do rei? Ouça o sino! Aí vêm eles.

Ele apontou para a longa coluna de carregadores de água seminus e transpirando pela estreita rua do rio. Eram cinco de cada lado, cada um deles inclinados sob uma pesada pele de cabra.

-Uma bela figura de um homem, aquele que os conduz", Kobbi apontou para o portador do sino marchando sem carga para a frente. "Um homem proeminente em seu próprio país é fácil de identificar".

-Há muitas figuras importantes", respondeu Bansir, "tão bons homens quanto nós. Homens altos, loiros do norte, negros risonhos do sul, homens marrons dos países mais próximos. Todos marchando juntos desde o rio até os jardins, para frente e para trás, dia após dia, ano após ano. Não há felicidade por que esperar. Camas de palha para dormir e mingau de grãos duros para comer".

-Piedade dos pobres brutos, Kobbi!

-Perculpo-os. No entanto, você me faz ver como somos pouco melhores homens livres.

-É a verdade, Kobbi, mesmo que seja um pensamento desagradável. Não queremos continuar, ano após ano, vivendo uma vida de escravidão. Trabalhando, trabalhando, trabalhando. Não chegando a lugar nenhum.

-Não poderíamos descobrir como os outros adquirem ouro e fazer como eles? - perguntou Kobbi.

-Talvez haja algum segredo que possamos aprender se procurarmos aqueles que sabem", respondeu Bansir pensativamente.

-Hoje mesmo", sugeriu Kobbi, "passei por nosso velho amigo, Arkad, cavalgando em sua carruagem dourada. Mas ele não olhou por cima da minha humilde cabeça, pois muitos em sua posição considerariam seu direito. Em vez disso, ele acenou com a mão para que todos os espectadores o vissem acenar e dar seu sorriso de amizade a Kobbi, o músico".

-Diz-se que ele é o homem mais rico de toda a Babilônia", refletiu Bansir.

-Diz-se que ele é tão rico que o próprio rei procura sua ajuda em assuntos de tesouraria", respondeu Kobbi.

-Tão rico", interrompeu Bansir, "que temo, se o encontrar no escuro da noite, colocarei minhas mãos em sua carteira gorda".

-Besteira", repreendeu Kobbi, "a riqueza de um homem não está na bolsa que ele carrega. Uma bolsa gorda é rapidamente esvaziada se não houver um fluxo de ouro para reabastecê-la. Arkad tem uma renda que mantém sua bolsa constantemente cheia, por mais pródiga que seja a sua despesa".

-Renda, essa é a questão", respondeu Bansir, "Desejo uma renda que continue fluindo em minha carteira, quer eu me sente no muro ou viaje para terras distantes. Arkad deve saber como um homem pode ganhar uma grande renda. Você acha que é algo que ele poderia explicar a uma mente tão lenta quanto a minha"?

-Eu acho que ele ensinou seus conhecimentos a seu filho, Nomasir", respondeu Kobbi.

-Ele não foi para Nínive e, segundo a pousada, não se tornou, sem a ajuda de seu pai, um dos homens mais ricos daquela cidade?

-Kobbi, eu tive uma ideia. -Uma nova luz brilhava nos olhos de Bansir. "Não custa nada pedir conselhos sensatos a um bom amigo, e Arkad sempre foi. Não importa que nossas carteiras estejam tão vazias como o ninho do falcão de um ano atrás. Que isso não nos impeça. Estamos cansados de ficar sem ouro no meio da abundância. Desejamos nos tornar homens de meios. Venha, vamos conversar com Arkad e perguntar como podemos adquirir grande riqueza".

-Você fala com verdadeira inspiração, Bansir. Você traz à minha mente um novo entendimento.

"Você me faz entender por que nunca encontramos nenhuma forma de riqueza. Nunca a procuramos. Você trabalhou pacientemente para construir as carruagens mais robustas da Babilônia. Com esse objetivo, seus melhores esforços foram dedicados. Portanto, isso você conseguiu. Eu me esforcei para me tornar um tocador de lira habilidoso. E eu consegui".

"Nas coisas em que tentamos o nosso melhor, conseguimos".

"Os Deuses se contentaram em nos deixar continuar assim. Agora, finalmente, vemos uma luz, brilhante como o sol nascente. Ela nos pede que aprendamos mais para que possamos prosperar mais. Com um novo entendimento, encontraremos maneiras honrosas de satisfazer nossos desejos".

-Deixe-nos ir a Arkad hoje", instou Bansir, "e peça a outros amigos de nossos dias mais jovens, que não se saíram melhor do que nós, que se juntem a nós para que também eles possam aprender".

-Você sempre foi muito atencioso com seus amigos, Bansir. É por isso que você tem tantos amigos. Será como você diz. Partimos hoje e eles virão conosco.

O homem mais rico da Babilônia

Na antiga Babilônia, vivia um homem muito rico chamado Arkad. Ele era famoso por sua grande riqueza. Ele também era famoso por sua liberalidade. Ele era generoso com os pobres, e gostava de apoiar causas nobres. Ele foi generoso com sua família. Ele era liberal em seus próprios gastos. Mas, no entanto, a cada ano sua riqueza aumentava.

E houve certos amigos de sua juventude que se aproximaram dele e disseram:

-Você, Arkad, é mais sortudo do que nós. Você se tornou o homem mais rico de toda a Babilônia, enquanto nós lutamos para sobreviver. Você pode usar as melhores roupas e apreciar os alimentos mais deliciosos, enquanto nós devemos nos contentar em vestir nossas famílias com roupas apresentáveis e alimentá-las o melhor que pudermos.

"No entanto, já fomos o mesmo. Estudamos com o mesmo professor. Nós jogamos os mesmos jogos. E nem nos estudos, nem nos jogos você nos superou. E nos anos seguintes, você não tem sido um cidadão mais honrado do que nós".

"Por que, então, um destino caprichoso deve separar-lo para o prazer de todas as coisas boas da vida e ignorar-nos, que somos igualmente merecedores"?

Então Arkad os repreendeu, dizendo:

-Se você não adquiriu mais do que uma mera existência nos anos desde que éramos jovens, é porque ou você não aprendeu as leis que regem a construção da riqueza, ou você não as aplica em sua vida.

"A Fortuna Inconstante é uma deusa viciosa que não traz nenhum bem permanente a ninguém. Pelo contrário, ela leva à ruína quase todos os homens sobre os quais derrama ouro imerecido. Ela faz gastos indiscriminados, que logo dissipam tudo o que recebem e são assolados por apetites e desejos esmagadores que não têm capacidade de gratificar. Entretanto, outros que ela favorece se tornam avarentos e acumulam suas riquezas, temendo gastar o que têm, sabendo que não possuem a capacidade de substituí-las. Além disso, eles são atormentados pelo medo dos ladrões e se condenam a uma vida de vazio e miséria secreta".

"Há provavelmente outros, que podem pegar o ouro não ganho e acrescentá-lo e continuarem a ser cidadãos felizes e satisfeitos. Mas eles são tão poucos, que os conheço apenas por rumores. Pense em homens que herdaram riqueza repentina, e veja se essas coisas não são assim".

Seus amigos admitiram que de homens que sabiam que tinham herdado a riqueza, estas palavras eram verdadeiras, e lhe imploraram que explicasse como tinha chegado a possuir tanta prosperidade, então ele continuou:

-Na minha juventude, olhei ao meu redor e vi todas as coisas boas que havia para trazer felicidade e contentamento. E percebi que a riqueza aumentava a potência de tudo isso. A riqueza é um poder. Com a riqueza, muitas coisas são possíveis.

"Pode-se adornar a casa com os móveis mais ricos. Pode-se velejar em mares distantes".

"Pode-se banquetear com as iguarias de terras distantes. Pode-se comprar os ornamentos do ourives e do polidor de pedra. Pode-se até mesmo construir templos poderosos para os Deuses".

"Pode-se fazer todas estas coisas e muitas outras nas quais há prazer para os sentidos e gratificação para a alma".

"E, quando percebi tudo isso, decidi para mim mesmo que iria reivindicar minha parte das coisas boas da vida. Eu não seria um daqueles que se distanciam, invejosamente observando os outros se divertindo. Eu não me contentaria em me vestir com as roupas mais baratas que parecem respeitáveis. Eu não me contentaria com o lote de um homem pobre. Pelo contrário, eu me tornaria um convidado neste banquete de coisas boas".

"Sendo, como você sabe, o filho de um humilde comerciante, um de uma grande família sem esperança de herança, e não sendo dotado, como você disse tão francamente, de poderes superiores ou sabedoria, decidi que, se eu quisesse alcançar o que desejava, precisaria de tempo e estudo".

"Quanto ao tempo, todos os homens têm muito dele. Cada um de vocês já deixou passar tempo suficiente para ter se enriquecido. No entanto, vocês admitem; vocês não têm nada para mostrar, a não ser suas boas famílias, das quais vocês podem estar justamente orgulhosos".

"Quanto ao estudo, nosso sábio professor não nos ensinou que o aprendizado era de dois tipos: um tipo é o que aprendemos e sabemos, e o outro é o treinamento que nos ensina a descobrir o que não sabemos"?

"Então, determinei descobrir como a riqueza pode ser acumulada, e quando eu a tivesse descoberto, fazer esta minha tarefa e fazê-la bem. Pois não é sábio que nos divirtamos enquanto vivemos no brilho do sol, pois tristezas suficientes descerão sobre nós quando partirmos para as trevas do mundo espiritual"?

"Encontrei emprego como escriba na sala de registros, e trabalhei longas horas todos os dias nas tabuletas de barro. Semana após semana, e mês após mês, eu trabalhava, mas não tinha nada para mostrar durante meus vinte e quatro anos de trabalho. Alimentos, roupas e penitências aos Deuses, e outras coisas que não me lembro, absorveram todos os meus ganhos. Mas minha determinação não me abandonou".

"Um dia Algamish, o agiota, veio à casa do senhor da cidade e pediu uma cópia da Nona Lei, e me disse: "Preciso ter isso em dois dias, e se a tarefa estiver concluída até lá, dois cobres eu lhe darei".

"Então trabalhei muito, mas a lei era longa, e quando Algamish retornou, a tarefa estava inacabada. Ele estava com raiva, e se eu tivesse sido seu escravo, ele teria me espancado. Mas sabendo que o senhor da cidade não permitiria que ele me fizesse mal, não tive medo, então disse: "Algamish, você é um homem muito rico. Diga-me como posso me tornar rico também, e toda a noite eu esculpirei na argila, e quando o sol nascer, estará terminado".

"Ele sorriu para mim e respondeu: "Você é um malandro, mas vamos fazer um acordo".

"Toda aquela noite eu esculpi, embora minhas costas doessem e o cheiro do pavio fizesse minha cabeça doer tanto que meus olhos mal podiam ver. Mas quando voltei ao amanhecer, as tábuas estavam completas".

"Agora", eu disse, "diga-me o que me prometeu".

-Você cumpriu sua parte do nosso acordo", disse ele gentilmente, "e eu estou pronto para cumprir a minha. Vou lhe dizer o que você deseja saber porque estou me tornando um homem velho, e uma língua velha gosta de falar. E quando a juventude se volta para a idade para receber conselhos, ela recebe a sabedoria dos anos. Mas muitas vezes a juventude pensa que a idade só conhece a sabedoria dos dias passados, e por isso não se beneficia. Mas lembre-se disto, o sol que brilha hoje é o sol que brilhou quando seu pai nasceu, e continuará a brilhar quando seu último neto passar para a obscuridade".

"Os pensamentos da juventude", continuou ele, "são luzes brilhantes que brilham como os meteoros que muitas vezes iluminam o céu, mas a sabedoria da idade é como as estrelas fixas que brilham de forma tão inalterável que o marinheiro pode confiar nelas para conduzir seu rumo".

"Marque bem minhas palavras, pois se não o fizer, você não entenderá a verdade que estou prestes a lhe dizer e pensará que o trabalho de sua noite foi em vão".

-Então ele olhou sorrateiramente para mim por baixo de suas sobrancelhas feias e disse num tom baixo e vigoroso: "Encontrei meu caminho para a riqueza quando decidi que uma parte de tudo o que ganhei era meu para manter. E você também o fará".

"Então ele continuou olhando para mim com um olhar que eu podia sentir me perfurando, mas ele não disse mais nada".

"Isso é tudo?"

-Isso foi o suficiente para mudar o coração de um pastor de ovelhas para o de um agiota", respondeu ele.

-Mas tudo o que eu ganho é meu, não é?

-Para com isso", respondeu ele, "Você não paga ao fabricante de panos? Você não paga ao fabricante de sandálias? Você não paga pelo que come? Você pode viver na Babilônia sem gastar? O que você tem a mostrar dos ganhos da semana passada? E do ano passado? Seu tolo! Você paga a todos, menos a si mesmo. Idiota, você trabalha para os outros. É como se você fosse um escravo e trabalhasse pelo que seu mestre lhe dá para comer e vestir. Se você guardasse para si mesmo um décimo de tudo o que ganha, quanto você teria em dez anos"?

-Meu conhecimento de números não me abandonou, e eu respondi: "Tanto quanto eu ganharia em um ano".

-Todo o ouro que você economiza é um escravo que trabalha para você. Todo cobre que ele ganha é seu filho que também pode ganhar para você. Se você quer ser rico, então o que você economiza deve ganhar, e seus filhos devem ganhar, para que todos eles ajudem a lhe dar a abundância que você almeja.

"Você acha que eu o exploro por sua longa noite de trabalho", continuou ele, "mas o que eu lhe pago pode valer milhares de vezes mais se você tiver a inteligência para compreender a verdade que lhe ofereço".

"Uma parte de tudo o que você ganha é sua para manter". Não deve ser menos de um décimo por pouco que se ganhe. Pode ser o máximo que você puder pagar. Pague a si mesmo primeiro. Não compre do fabricante de panos ou do fabricante de sandálias mais do que você pode pagar com o resto e ainda tenha o suficiente para comida e caridade e penitência para os Deuses".

"A riqueza, como uma árvore, cresce a partir de uma pequena semente. O primeiro cobre que você economiza é a semente da qual sua árvore de riqueza crescerá".

"Quanto mais cedo você plantar essa semente, mais cedo a árvore crescerá. E quanto mais fielmente você nutrir e regar aquela árvore com economias constantes, mais cedo você poderá desfrutar de contentamento sob sua sombra".

-Então ele pegou suas tabuletas e foi embora.

"Pensei muito no que ele havia me dito, e me pareceu razoável. Por isso, decidi que iria tentar. Cada vez que recebi o pagamento, peguei cada décimo pedaço de cobre e o escondi. E, estranhamente, não me faltaram fundos, como antes. Eu não notei muita diferença, pois consegui sem essas moedas. Mas eu era frequentemente tentado, quando meu tesouro começou a crescer, a gastá-lo em algumas das coisas boas que os mercadores exibiam, trazidas por camelos e navios da terra dos fenícios. Mas eu sabiamente me abstive".

"Um décimo segundo mês depois de Algamish ter partido, ele voltou e me disse: "Filho, você já se pagou nada menos que um décimo de tudo o que você ganhou durante o último ano?".

Eu respondi orgulhosamente: "Sim, mestre, eu paguei".

-Isso é bom", ele respondeu orgulhoso, "e o que você fez com o dinheiro"?

"Eu o dei a Azmur, o fabricante de tijolos, que me disse que estava viajando pelos mares distantes e que em Tiro compraria para mim as raras joias dos fenícios. Quando ele retornar, nós as venderemos a preços altos e dividiremos os lucros".

-Todos os tolos devem aprender", grunhiu ele, "mas por que confiar nos conhecimentos de joalheiro de um fabricante de tijolos? Você iria até o padeiro e perguntaria sobre as estrelas? Não, pelo meu manto, você iria ao astrólogo, se você tivesse o poder de pensar. Suas economias se foram, jovem, você arrancou sua árvore de riqueza. Mas plante outra. Tente novamente. E da próxima vez, se você quiser conselhos sobre joias, vá até o joalheiro. Se você quer a verdade sobre as ovelhas, vá até o pastor. O conselho é uma coisa que é dada livremente, mas tenha cuidado para tomar apenas o que vale a pena. Quem quer que receba conselhos sobre suas economias de alguém inexperiente em tais assuntos, pagará com suas economias por provar a falsidade de suas opiniões". Dito assim, ele partiu.

-E o que ele disse aconteceu. Porque os fenícios são malandros e venderam pedaços de vidro sem valor a Azmur que pareciam pedras preciosas. Mas como Algamish havia me instruído, eu economizei de volta cada décimo de cobre, pois agora eu tinha adquirido o hábito e não era mais difícil.

"Mais uma vez, doze meses depois, Algamish veio à sala dos escribas e se dirigiu a mim".

-Que progresso você fez desde a última vez que o vi?

-Eu me paguei fielmente", respondi, "e confiei minhas economias à Agger, o fabricante de escudos, para comprar bronze, e a cada quatro meses ele me paga aluguel".

-E o que você faz com o aluguel?

-Eu faço um grande banquete de mel, vinho fino e bolo temperado. Eu também comprei uma túnica escarlate para mim. E um dia vou comprar um burro jovem para montar.

Algamish riu: "Você come os filhos de suas economias. Então, como você espera que eles trabalhem para você"?

"Arranje primeiro um exército de escravos dourados, e então você poderá desfrutar de muitos banquetes ricos sem arrependimentos". Dizendo isso, ele partiu novamente.

-Não o vi mais por dois anos, quando ele voltou seu rosto estava cheio de linhas profundas e seus olhos estavam inclinados, pois ele estava se tornando um homem muito velho. E ele me disse: "Arkad, você já alcançou a riqueza com que sonhava"?

-E eu respondi: "Ainda não tenho tudo o que quero, mas tenho algum, e ganho mais, e os lucros ganham mais".

-E você ainda segue os conselhos dos fabricantes de tijolos?

-Dão bons conselhos sobre fabricação de tijolos", respondi.

-Arkad", continuou ele, "você aprendeu bem suas lições. Primeiro você aprendeu a viver com menos do que você poderia ganhar. Então você aprendeu a buscar conselhos daqueles que, por sua própria experiência, eram competentes para dar. E finalmente, você aprendeu a fazer o ouro trabalhar para você".

"Você aprendeu como adquirir dinheiro, como poupá-lo e como utilizá-lo. Portanto, você é competente para uma posição de responsabilidade. Estou me tornando um homem velho. Meus filhos pensam apenas em gastar e não pensam em ganhar. Meus interesses são grandes e temo que haja muita coisa a ser cuidada. Se você for para Nippur e cuidar de minhas terras lá, eu farei de você meu parceiro e você compartilhará minha riqueza".

"Então fui para Nippur e tomei conta de suas propriedades, que eram grandes. E como eu estava cheio de ambição e tinha dominado as três leis para administrar a riqueza com sucesso, fui capaz de aumentar muito o valor de suas propriedades".

"Por isso prosperei muito, e quando o espírito de Algamish partiu para a esfera das trevas, compartilhei seus bens como ele havia ordenado de acordo com a lei." Assim falou Arkad, e quando ele terminou sua história, um de seus amigos disse: "Você teve realmente a sorte de Algamish o ter feito herdeiro".

-Fortunado apenas por ter tido um desejo de prosperar antes de conhecer Algamish. Será que durante quatro anos não provei minha firmeza de propósito mantendo um décimo de tudo o que tinha ganho? Você chamaria de afortunado um pescador que durante anos estudou tanto os hábitos dos peixes que a cada mudança de vento ele podia lançar suas redes sobre eles? A oportunidade é uma deusa altiva que não perde tempo com os despreparados.

-Você teve grande força de vontade para continuar depois de perder as economias de seu primeiro ano. Você é excepcional nesse aspecto", disse um observador.

-Força de vontade! -replicou Arkad. "Que bobagem; você acha que a vontade dá ao homem a força para levantar uma carga que o camelo não pode carregar, ou para arrastar uma carga que os bois não podem mover? A força de vontade nada mais é do que o propósito inabalável de realizar a tarefa que você se propôs. Se eu me propuser a uma tarefa, por mais insignificante que seja, vou realizá-la. Caso contrário, como posso ter confiança em mim mesmo para fazer coisas importantes? Se eu dissesse a mim mesmo: "Durante cem dias, ao cruzar a ponte para a cidade, pegarei um pedregulhoda estrada e o jogarei no riacho", eu o faria".

"Se no sétimo dia eu passasse sem me lembrar, eu não diria para mim mesmo: "Amanhã jogarei dois pedregulhos, que também funcionará". Em vez disso, eu voltaria e jogaria o pedregulho. Nem no vigésimo dia eu diria para mim mesmo: "Arkad, isto é inútil; para que serve jogar um pedregulho todos os dias? Jogue uma mão cheia e acabe com isso". Não, eu não diria isso e não faria isso. Quando eu me proponho uma tarefa, eu a faço".

"É por isso que tenho o cuidado de não começar tarefas difíceis e impraticáveis, porque não terminar o trabalho se torna um círculo vicioso".

E então outro amigo tomou a palavra e disse: "Se o que você diz é verdade, e parece, como você disse, razoável, sendo tão simples, se todos os homens o fizessem, não haveria riqueza suficiente para todos".

-A riqueza cresce onde os homens exercem sua energia", respondeu Arkad. "Se um homem rico constrói um novo palácio, o ouro que ele paga desaparece"?

-Não, o pedreiro recebe uma parte, e o trabalhador recebe uma parte, e o artista recebe uma parte. E todos os trabalhadores recebem uma parte. Mas quando o palácio está terminado, não vale tudo o que custa? E o terreno em que se encontra não aumenta de valor? E o terreno ao seu redor não vale mais? A riqueza cresce magicamente. Nenhum homem pode profetizar seu limite. Os fenícios não construíram grandes cidades em margens áridas com a riqueza que vinha de seus navios comerciais nos mares"?

-Então o que você nos aconselha a fazer para nos enriquecer também? -disse outro de seus amigos. "Os anos se passaram, e não somos mais jovens, e não temos nada armazenado".

-Conselho que tomem a sabedoria de Algamish e digam a vocês mesmos: "Uma parte de tudo o que ganho é minha para guardar." Diga isso pela manhã, quando se levantar. Diga isso ao meio-dia. Diga isso à noite. Diga isso a cada hora de cada dia. Digam isso a vocês mesmos até que as palavras se destaquem como letras de fogo no céu".

"Fique impressionado com a ideia. Preencha-se com a ideia. Então tome o máximo que lhe parecer sábio. Que não seja menos de um décimo e deixe-o guardado. Organize suas outras despesas para fazer isso, se necessário. Mas primeiro ponha essa parte de lado. Você logo perceberá o sentimento de riqueza que vem da posse de um tesouro ao qual só você tem direito. À medida que cresce, ele vai estimulá-lo. Uma nova alegria de viver o entusiasmará".

"Você vai trabalhar mais para ganhar mais. Por causa do aumento de seus ganhos, a mesma porcentagem não será sua"?

"Então aprenda a fazer com que seu tesouro trabalhe para você. Faça-o seu escravo. Faça com que seus filhos e os filhos de seus filhos trabalhem para você".

"Assegure uma renda para seu futuro. Olhe para os mais velhos e não esqueça que nos dias que virão você também será contado entre eles. Portanto, invista seu tesouro com a máxima cautela para que ele não se perca. As taxas usuais de retorno são sirenes enganosas que cantam apenas para atrair os incautos para as rochas da perda e do remorso".

"Providencie também que sua família não seja necessitada caso os Deuses o chamem para seus reinos. Para tal proteção, é sempre possível fazer provisões com pequenos pagamentos em intervalos regulares. Portanto, o homem providente não demora em esperar que uma grande soma esteja disponível para um propósito tão sábio".

"Aceite o conselho de homens sábios. Procure o conselho de homens cujo trabalho diário é lidar com dinheiro. Deixe-os salvá-lo de tal erro que eu mesmo cometi ao confiar meu dinheiro ao julgamento de Azmur, o fabricante de tijolos. Um lucro pequeno e seguro é muito mais desejável do que um risco".

"Aproveite a vida enquanto você está aqui. Não se esforce demais ou tente economizar muito. Se um décimo de tudo o que você ganha é o máximo que você pode economizar confortavelmente, contente-se com essa parte. Quanto ao resto, viva dentro de sua renda e não seja mesquinho ou tenha medo de gastar. A vida é boa e a vida é rica em coisas que valem a pena desfrutar".

Seus amigos lhe agradeceram e partiram. Alguns ficaram em silêncio porque não tinham imaginação e não conseguiam entender as palavras sábias. Alguns estavam sarcásticos porque pensavam que alguém tão rico deveria dividir sua riqueza com velhos amigos que não eram tão afortunados. Mas alguns tinham uma nova luz em seus olhos. Eles notaram que Algamish havia retornado a cada vez à sala dos escribas porque estava observando um homem saindo da escuridão para a luz. Quando aquele homem encontrou a luz, um lugar o esperava. Ninguém podia ocupar aquele lugar até que ele mesmo tivesse trabalhado seu próprio entendimento, até que estivesse pronto para a oportunidade.

Foram estes últimos que, nos anos seguintes, retornaram frequentemente a Arkad, que os recebeu com prazer. Ele os aconselhou e lhes transmitiu livremente sua sabedoria, como sempre fazem homens de vasta experiência. E ele os ajudou a investir suas economias de forma a trazer-lhes um bom interesse com segurança e a não se perderem e se enredarem em investimentos que não pagavam dividendos.

O ponto de viragem na vida desses homens veio naquele dia em que eles perceberam a verdade que tinha vindo de Algamish para Arkad e de Arkad para eles.

Sete princípios para engordar sua carteira

A glória da Babilônia perdura. Através dos tempos, sua reputação vem até nós como a mais rica das cidades, seus tesouros como fabulosos.

No entanto, nem sempre foi este o caso. As riquezas da Babilônia foram o resultado da sabedoria de seu povo. Primeiro eles tiveram que aprender como se tornar ricos.

Quando o Bom Rei, Sargão, voltou à Babilônia depois de derrotar seus inimigos, os Elamitas, ele se viu em uma situação grave. O chanceler real explicou ao rei assim:

-Após muitos anos de grande prosperidade trazida à nossa cidade porque Vossa Majestade construiu os grandes canais de irrigação e os poderosos templos dos Deuses, agora que estas obras estão concluídas a cidade parece incapaz de se sustentar.

"Os trabalhadores estão desempregados. Os lojistas têm poucos clientes. Os fazendeiros não podem vender seus produtos. O povo não tem ouro suficiente para comprar alimentos".

-Mas para onde foi todo o ouro que gastamos com essas grandes melhorias? -indagou o rei.

- Temo que tenha encontrado seu caminho nas mãos de alguns homens muito ricos em nossa cidade", respondeu o chanceler. "Ele penetrou pelos dedos da maioria de nosso povo tão rapidamente quanto o leite de cabra passa por uma peneira. Agora que o fluxo de ouro parou de fluir, a maioria de nosso povo não tem nada em que subsistir".

O rei foi atencioso durante algum tempo. Então ele perguntou: "Por que tão poucos homens podem adquirir todo o ouro"?

-Porque eles sabem como", respondeu o Chanceler. "Você não pode condenar um homem por ser bem sucedido. Nem se pode, com justiça, tirar de um homem o que ele justamente ganhou, e dá-lo a homens de menor capacidade".

-Mas por quê? Não deveriam todas as pessoas aprenderem a acumular ouro e assim se tornarem ricas e prósperas?

-É bem possível, sua excelência, mas quem pode ensiná-los? Certamente não os sacerdotes, porque eles não sabem nada sobre ganhar dinheiro.

-Quem em toda nossa cidade sabe como enriquecer, chanceler?

-Sua pergunta responde a si mesma, Majestade: Quem acumulou a maior riqueza na Babilônia?

-Dito bem, meu chanceler competente. É Arkad. Ele é o homem mais rico da Babilônia. Traga-o diante de mim amanhã.

No dia seguinte, como o rei havia decretado, Arkad estava diante dele, erguido e ágil, apesar dos seus setenta anos de vida.

-Arkad", disse o rei, "É verdade que você é o homem mais rico da Babilônia"?

-Assim é relatado, Majestade, e ninguém contesta isso.

-Como você ficou tão rico?

-Aproveitando as oportunidades disponíveis para todos os cidadãos de nossa boa cidade.

-Você não tinha nada para começar?

-Só um grande desejo de riqueza. Fora isso, nada.

-Arkad", continuou o Rei, "nossa cidade está em um estado muito infeliz porque poucos homens sabem como adquirir riqueza e, portanto, monopolizá-la, enquanto a massa de nossos cidadãos não sabe como manter qualquer parte do ouro que recebe".

-É meu desejo que a Babilônia seja a cidade mais rica do mundo. Portanto, deve ser uma cidade de muitos homens ricos. Portanto, devemos ensinar a todas as pessoas como adquirir riqueza. Diga-me, Arkad, existe algum segredo para adquirir riqueza? Isso pode ser ensinado?

-É prático, Vossa Majestade. O que um homem sabe, pode ser ensinado aos outros.

Os olhos do rei brilharam. -Arkad, você diz as palavras que desejo ouvir. Você se emprestará a esta grande causa, ensinará seus conhecimentos a uma escola de professores, cada um dos quais ensinará aos outros até que haja treinamento suficiente para ensinar estas verdades a todos os assuntos dignos do meu domínio?

Arkad se curvou e disse: "Eu sou seu humilde servo. Qualquer conhecimento que eu possua, fornecerei de bom grado para o bem dos meus semelhantes e para a glória do meu Rei. Deixe seu bom chanceler arranjar para mim uma classe de cem homens e eu lhes ensinarei esses sete princípios que engordaram minha carteira.

Uma quinzena depois, em cumprimento ao comando do Rei, os cem escolhidos se reuniram no grande salão do Templo do Ensinamento, sentados em anéis coloridos em um semicírculo. Arkad sentou-se ao lado de um pequeno banco sobre o qual queimava uma lâmpada sagrada que emitia um odor estranho e agradável.

-Vejam o homem mais rico da Babilônia", sussurrou um estudante, tocando em seu vizinho enquanto Arkad se levantava. "Ele é apenas um homem como o resto de nós".

-Como um súdito obediente de nosso grande rei", começou Arkad, "eu venho diante de vocês em seu serviço".

"Porque eu já fui um jovem e pobre homem que desejava muito ouro, e porque encontrei conhecimentos que me permitiram adquiri-lo, o rei me pede para transmitir meus conhecimentos".

"Comecei minha fortuna da maneira mais humilde. Eu não tinha nenhuma vantagem que vocês e todos os cidadãos da Babilônia não desfrutam".

"O primeiro depósito do meu tesouro foi uma bolsa de dinheiro. Eu detestava seu vazio inútil. Desejava que fosse redonda e cheia, tilintando com o som do ouro. Portanto, procurei a cura para uma bolsa vazia. Encontrei sete".

"A vocês que estão reunidos diante de mim, explicarei os sete princípios para engordar sua bolsa que recomendo a todos os homens que desejam muito ouro. Todos os dias, durante sete dias, explicarei a vocês um dos sete princípios".

"Ouçam atentamente o conhecimento que estou prestes a transmitir. Discutam isso comigo. Discutam isso entre vocês. Aprendam bem estas lições, para que vocês também possam plantar em suas bolsas a semente da riqueza. Primeiro, cada um de vocês deve começar sabiamente a construir uma fortuna própria. Então vocês serão competentes e só então poderão ensinar estas verdades a outros".

"Eu lhes ensinarei de maneira simples como engordar suas bolsas. Este é o primeiro passo que leva ao templo da riqueza, e nenhum homem pode ascender que não possa plantar seus pés firmemente no primeiro passo".

"Vamos agora considerar o primeiro princípio".

O primeiro princípio

Arkad se voltou para um homem atencioso na segunda fila.

-Meu bom amigo, em que profissão você trabalha?

-Eu", respondeu o homem, "sou um escriba e gravo discos em tabuletas de barro".

-Com esse trabalho, eu mesmo ganhei meus primeiros cobres. Assim, você tem a mesma chance de construir a fortuna que eu tive.

Arkad virou-se para um homem de cara corada mais atrás.

-Diga-me também o que você faz para viver.

-Eu", respondeu o homem, "sou um açougueiro. Eu compro as cabras que os camponeses criam e as abato, e vendo a carne para as donas de casa e as peles para os fabricantes de sandálias".

-Porque você também trabalha e ganha, você tem todas as vantagens para o sucesso que eu tinha.

Assim, Arkad procedeu para descobrir como cada homem trabalhava para viver. Quando ele terminou de questioná-los, disse ele:

-Agora, meus alunos, vocês podem ver que existem muitos ofícios e muitos empregos nos quais os homens podem ganhar dinheiro. Cada uma das formas de ganhar é um fluxo de ouro do qual o trabalhador desvia por seu trabalho uma parte para seu próprio bolso.

-Então, na bolsa de cada um de vocês há um fluxo de moedas, grandes ou pequenas, de acordo com sua capacidade. Não é verdade?

Consequentemente, eles concordaram que este era o caso.

-Então", continuou Arkad, "se cada um de vocês deseja construir uma fortuna para si mesmo, não é sábio começar usando aquela fonte de riqueza que vocês já estabeleceram"?

Todos acenaram de acordo.

Arkad então se voltou para um homem humilde que havia se declarado um comerciante de ovos.

-Se você selecionar um de seus cestos e colocar dez ovos nele todas as manhãs e tirar nove ovos todas as noites, o que acontecerá eventualmente? Eventualmente se tornará transbordante. Por quê?

-Porque todos os dias eu ponho mais um ovo do que retiro.

Arkad virou-se para a classe com um sorriso:

-Alguém aqui tem uma bolsa vazia?

No início, eles pareciam se divertir. Então eles riram. Por fim, eles brincaram agitando suas bolsas.

-Muito bem", continuou ele, "agora vou lhes dizer o primeiro princípio que aprendi para conseguir uma carteira cheia".

"Façam exatamente como eu sugeri ao comerciante de ovos. Para cada dez moedas que vocês colocam em suas bolsas, retirem para uso apenas nove. Suas bolsas começarão a engordar imediatamente e seu peso crescente lhes farão sentir bem na mão e trarão satisfação às suas almas".

"Não zombe do que eu digo por sua simplicidade. A verdade é sempre simples. Eu lhes disse que contaria como construí minha fortuna. Este foi meu começo. Eu também carregava uma carteira vazia e a amaldiçoava porque não havia nada dentro para satisfazer meus desejos. Mas quando comecei a tirar da minha carteira apenas nove das dez partes que colocava dentro, ela começou a engordar. As suas também o farão".

"Agora vou dizer uma estranha verdade, cuja razão desconheço. Quando deixei de pagar mais de nove décimos de minha renda, eu consegui me sair tão bem quanto antes. Eu não era mais pobre do que antes. Além disso, depois de pouco tempo, as moedas chegavam até mim mais facilmente do que antes. Certamente, é uma lei dos Deuses que para aquele que economiza e não gasta uma certa parte de todos os seus ganhos, o ouro vem mais facilmente. Da mesma forma, aquele cuja bolsa está vazia evita o ouro".

"Será a gratificação de seus desejos diários, uma peça de joalheria, um pouco de finura, roupas melhores, mais comida; coisas que rapidamente se vão e são esquecidas? Ou serão os bens substanciais, o ouro, a terra, os rebanhos, as mercadorias, os investimentos que trazem renda? As moedas que você tirar de sua bolsa trarão estes primeiros. As moedas que você deixarem nela trarão estes últimos".

"Esta, meus alunos, foi a primeira cura que descobri para minha magra bolsa: "Para cada dez moedas que coloco, gasto apenas nove". Discutam isto entre vocês. Se alguém provar que não é verdade, deixe-o me dizer amanhã quando nos encontrarmos novamente".

O segundo princípio

-Alguns de seus colegas, meus alunos, me fizeram a seguinte pergunta:

-Como um homem pode manter um décimo de tudo o que ganha em sua bolsa, quando todas as moedas que ganha não são suficientes para suas despesas necessárias? -Então, Arkad dirigiu-se a seus alunos no segundo dia.

- Ontem, quantos de vocês tinham bolsas vazias?

-Todos", respondeu a classe.

-No entanto, nem todos ganham o mesmo. Alguns ganham muito mais do que outros. Alguns têm famílias muito maiores para sustentar. No entanto, todas as bolsas estão igualmente vazias. Agora vou lhes dizer uma verdade incomum sobre os homens e os filhos dos homens. É isto: que o que cada um de nós chama de "despesas necessárias" sempre crescerá para igualar nossa renda, a menos que resistamos.

-Não confundam suas despesas necessárias com seus desejos. Cada um de vocês, junto com suas boas famílias, tem mais desejos do que sua renda pode satisfazer. Portanto, seus ganhos são gastos para satisfazer esses desejos na medida do possível. No entanto, vocês retêm muitos desejos insatisfeitos.

-Todos os homens estão sobrecarregados com mais desejos do que podem satisfazer. Por causa da minha riqueza, você acha que posso satisfazer todos os desejos? É uma ideia falsa. Há limites para o meu tempo. Há limites para a minha força. Há limites para a distância que posso percorrer. Há limites para o que eu posso comer. Há limites para o entusiasmo com o qual eu posso me divertir.

-Digo que, assim como as ervas daninhas crescem em um campo onde quer que o agricultor deixe espaço para suas raízes, também os desejos crescem livremente nos homens sempre que há a possibilidade de satisfazê-los. Seus desejos são muitos e aqueles que vocês podem satisfazer são poucos.

-Vejam de perto seus hábitos de vida diária. Neles são muitas vezes encontradas certas despesas aceitas que podem ser sabiamente reduzidas ou eliminadas. Deixem seu lema ser cem por cento do valor apreciado exigido para cada moeda gasta.

-Portanto, gravem no barro cada coisa em que vocês desejam gastar. Selecionem as que são necessárias e outras que são possíveis pelos gastos de nove décimos de sua renda. Eliminem o resto e considerem-no apenas uma parte daquela grande multidão de desejos que devem permanecer insatisfeitos, e não se arrependam deles.

-Então vocês deve fazer um orçamento para suas despesas necessárias. Não toquem na décima parte que engorda suas bolsas. Que este seja seu grande desejo que está sendo realizado. Continuem trabalhando com seu orçamento, continuem ajustando-o para ajudá-los. Façam dele seu primeiro ajudante na defesa do engordamento de suas carteiras.

Naquele momento, um dos estudantes, com um manto vermelho e dourado, levantou-se e disse: "Eu sou um homem livre. Acredito que tenho o direito de desfrutar as coisas boas da vida. É por isso que eu me revolto contra a escravidão de um orçamento que determina quanto posso gastar e em quê. Acredito que tiraria muito prazer da minha vida e me daria pouco mais que um burro para carregar uma carga".

A ele, Arkad respondeu: "Quem, meu amigo, determinaria seu orçamento"?

-Eu mesmo o faria", respondeu ele.

- Nesse caso, se um burro de carga fosse orçar sua carga, ele incluiria joias e tapetes e barras de ouro pesado? Não, não o faria. Incluiria feno e grãos e um saco de água para a estrada do deserto.

"O objetivo de um orçamento é ajudá-lo a engordar sua carteira. É para ajudá-lo a satisfazer suas necessidades e, na medida do possível, seus outros desejos. É para que você possa realizar seus desejos mais queridos, defendendo-os de seus desejos casuais. Como uma luz brilhante em uma caverna escura, seu orçamento mostra os vazamentos em sua carteira e lhe permite pará-los e controlar seus gastos com propósitos definidos e recompensadores".

"Este é o segundo princípio para engordar sua carteira. Orçar suas despesas para que você possa ter moedas para pagar suas necessidades, para pagar por seus prazeres e para satisfazer seus valiosos desejos sem gastar mais de nove décimos de seus ganhos".

O terceiro princípio

-Vejam, suas magras bolsas estão engordando. Vocês se disciplinaram para deixar um décimo de tudo o que ganham nelas. Vocês têm controlado seus gastos para proteger seu crescente tesouro. Em seguida, consideraremos os meios para colocar seu tesouro para trabalhar e aumentar. O ouro em uma bolsa é gratificante para possuir e satisfaz uma alma gananciosa, mas não ganha nada. O ouro que podemos reter de nossos ganhos é apenas o começo. Os lucros a serem obtidos construirão uma grande fortuna.

"Como então podemos colocar nosso ouro para trabalhar? Meu primeiro investimento foi lamentável, pois eu perdi tudo. Sua história eu contarei mais tarde. Meu primeiro investimento lucrativo foi um empréstimo que fiz a um homem chamado Aggar, um fabricante de escudos. Uma vez por ano ele comprava grandes cargas de bronze trazidas do outro lado do mar para usar em seu comércio. Na falta de capital suficiente para pagar os comerciantes, ele pedia emprestado àqueles que tinham moedas extras. Ele era um homem honesto. Seus empréstimos foram reembolsados, juntamente com um generoso aluguel, quando vendia seus escudos.

"Toda vez que lhe emprestava, também lhe emprestava o aluguel que ele me havia pago. Assim, não apenas meu capital aumentava, como meus lucros também aumentavam. O mais gratificante foi que estas somas retornavam à minha carteira".

"Eu lhes digo, meus alunos, a riqueza de um homem não está nas moedas que ele carrega em sua bolsa; é a renda que ele acumula, o fluxo de ouro que flui continuamente em sua bolsa e a mantém sempre protuberante. Isso é o que todo homem deseja. É isso que vocês, cada um de vocês, desejam; uma renda que continua a vir, quer trabalhem ou viajem".

"Eu adquiri uma grande renda. Tão grande que eles me chamam de um homem muito rico. Meus empréstimos à Aggar foram meu primeiro treinamento em investimentos rentáveis. Ganhando sabedoria com esta experiência, expandi meus empréstimos e investimentos à medida que meu capital aumentava. De algumas fontes no início, a muitas fontes mais tarde, surgiu em minha carteira um fluxo dourado de riqueza disponível para qualquer uso sábio que eu escolhesse. Eis que de meus humildes ganhos eu havia gerado um tesouro de escravos de ouro, cada um dos quais trabalhava e ganhava mais ouro. Como eles trabalhavam para mim, assim fizeram seus filhos e os filhos de seus filhos, até que a renda de seus esforços combinados fosse grande".

"O ouro cresce rapidamente quando lucros razoáveis são obtidos, como vocês verão abaixo":

"Um fazendeiro, ao nascer de seu primeiro filho, levou dez moedas de prata para um agiota e pediu-lhe que as guardasse como aluguel para seu filho até os vinte anos de idade. O agiota o fez e concordou que o aluguel seria um quarto de seu valor a cada quatro anos. O fazendeiro pediu, por ter reservado esta soma para seu filho, que o aluguel fosse acrescentado ao capital".

"Quando o garoto atingiu a idade de vinte anos, o fazendeiro foi novamente ao agiota para pedir a prata. O agiota explicou que, como a soma tinha sido aumentada por juros compostos, as dez moedas de prata originais tinham se tornado trinta e meia".

"O fazendeiro ficou satisfeito, e como o filho não precisava das moedas, ele as deixou com o agiota. Quando o filho atingiu a idade de cinquenta anos, o agiota pagou ao filho no acordo cento e sessenta e sete moedas de prata".

"Assim, em cinquenta anos, o investimento havia sido multiplicado pelo aluguel quase dezessete vezes".

"Este, então, é o terceiro princípio para uma carteira gorda: colocar cada moeda para trabalhar de modo que ela reproduza sua espécie como os rebanhos no campo e contribua para trazer-lhe renda, um fluxo de riqueza que flui constantemente para dentro de sua bolsa".

O quarto princípio

-O infortúnio busca um alvo fraco. O ouro na bolsa de um homem deve ser guardado com firmeza, caso contrário, ele se perde. Por isso, é sábio que primeiro asseguremos pequenas quantidades e aprendamos a protegê-las antes que os Deuses nos confiem as maiores. -Assim falou Arkad no quarto dia à sua turma.

"Todo dono de ouro é tentado por oportunidades onde parece que poderia ganhar grandes somas investindo nos projetos mais plausíveis. Muitas vezes, amigos e parentes entram entusiasmados em tais investimentos e o incitam a prosseguir com eles".

"O primeiro princípio sólido do investimento é a segurança de seu capital. É sábio ficar intrigado com retornos mais altos quando seu capital pode ser perdido? Eu digo não. A probabilidade de perda é muito maior. Estude cuidadosamente, antes de se separar de seu tesouro, todas as garantias de que ele pode ser recuperado com segurança. Não se deixe enganar por seus próprios desejos românticos de riqueza rápida".

"Antes de emprestá-lo a qualquer homem, tenha certeza de sua capacidade de pagar e de sua reputação por fazê-lo, para que você não dê, involuntariamente, seu tesouro tão arduamente conquistado".

"Antes de confiá-lo como um investimento em qualquer área, esteja ciente dos perigos que podem estar à espera".

"Meu próprio primeiro investimento foi uma tragédia para mim na época. Confiei minhas economias de um ano a um fabricante de tijolos, chamado Azmur, que estava viajando pelos mares distantes e em Tiro concordou em comprar para mim as raras joias dos fenícios. Nós as venderíamos no seu retorno e dividiríamos os lucros".

"Os fenícios eram patifes e venderam-lhe pedaços de vidro. Meu tesouro estava perdido. Hoje, meu treinamento me mostraria imediatamente a loucura de confiar a um fabricante de tijolos a compra de joias".

"Portanto, aconselho-os a partir da sabedoria de minhas experiências: não confiem muito em sua própria sabedoria para confiar seus tesouros às possíveis armadilhas dos investimentos. É melhor, de longe, consultar a sabedoria daqueles que têm experiência em lidar com dinheiro para obter lucro. Este conselho é oferecido gratuitamente e pode ter um valor equivalente em ouro à soma que vocês estão considerando investir. De fato, tal é o seu real valor se ele os salvam de perdas".

"Este, então, é o quarto princípio para uma bolsa gorda, e de grande importância se ele impedir que sua bolsa seja esvaziada uma vez que esteja bem cheia. Evite que seu tesouro se perca investindo apenas onde seu capital esteja seguro, onde possa ser recuperado se desejar, e onde não deixe de coletar uma renda justa. Consulte o sábio. Não deixe de procurar o conselho daqueles que têm experiência na gestão lucrativa do ouro. Deixe a sabedoria deles proteger seu tesouro de investimentos inseguros".

O quinto princípio

Se um homem põe de lado nove partes de seus ganhos para viver e desfrutar a vida, e se qualquer parte dessas nove partes puder ser transformada em um investimento lucrativo sem prejuízo de seu bem-estar, então seus tesouros crescerão muito mais rapidamente. -Arkad disse à sua turma na quinta aula.

"Muitos de nossos homens babilônicos criam suas famílias em quartos indecorosos. Eles pagam aluguéis liberais de locatários exigentes para quartos onde suas esposas não têm lugar para plantar as flores que alegram o coração de uma mulher e seus filhos não têm lugar para brincar, exceto em becos imundos".

"Nenhuma família de homens pode desfrutar plenamente da vida a menos que tenha um terreno onde as crianças possam brincar na terra limpa e onde a esposa possa cultivar não apenas flores, mas também ervas boas e saborosas para alimentar sua família".

"O coração de um homem se alegra em comer figos de suas próprias árvores e uvas de suas próprias videiras. Possuir seu próprio domicílio, e tê-lo como um lugar que ele tem orgulho de cuidar, coloca confiança em seu coração e um maior esforço por trás de todo o seu trabalho. Portanto, recomendo que cada homem seja dono do telhado que o abriga".

"Nem está além da capacidade de qualquer homem bem-intencionado possuir sua própria casa. Nosso grande rei não ampliou as muralhas da Babilônia de tal forma que dentro delas há muito terreno não utilizado que pode ser comprado por quantias muito razoáveis"?

"Eu também lhes digo, meus alunos, que os financiadores consideram com prazer os desejos dos homens que buscam casas e terras para suas famílias".

"Você pode facilmente pedir emprestado para pagar o pedreiro e construtor para tais propósitos louváveis, se você puder mostrar uma porção razoável da quantia necessária que você mesmo forneceu para o propósito".

"Então, quando a casa for construída, você poderá pagar ao financiador com a mesma regularidade com que pagou ao proprietário. Como cada pagamento reduz sua dívida para com o credor, alguns anos irão satisfazer seu empréstimo".

"Então seu coração se alegrará porque você possuirá uma propriedade valiosa por direito próprio e seu único custo serão os impostos do rei. Também sua boa esposa irá mais vezes ao rio para lavar suas roupas, de modo que cada vez que ela voltar, ela trará um odre de água para derramar sobre as plantas em crescimento. Assim, muitas bênçãos chegam ao homem que é dono de sua própria casa. E ele reduzirá muito seu custo de vida, disponibilizando mais de seus ganhos para os prazeres e a gratificação de seus desejos. Este, então, é o quinto remédio para a escassez de dinheiro: Possuir sua própria casa".

O sexto princípio

-A vida de todo homem vai da infância à velhice. Este é o caminho da vida, e nenhum homem pode desviar-se dele, a menos que os Deuses o chamem prematuramente para o mundo além. Digo, portanto, que cabe ao homem se preparar para uma renda adequada nos próximos dias, quando ele não for mais jovem, e fazer os preparativos para sua família, caso não esteja mais com eles para confortá-los e sustentá-los. Esta lição lhe instruirá no fornecimento de uma carteira cheia quando o tempo o tiver tornado menos capaz de aprender. - Então Arkad dirigiu-se à sua turma no sexto dia.

"O homem que, por causa de sua compreensão das leis da riqueza, adquire um excedente crescente, deveria pensar nesses dias futuros. Ele deve planejar certos investimentos ou provisões que possam durar muitos anos com segurança, e que estarão disponíveis quando chegar o momento que ele tão sabiamente antecipou".

"Há várias maneiras pelas quais um homem pode proporcionar segurança para seu futuro. Ele pode fornecer um esconderijo e enterrar lá um tesouro secreto. Entretanto, por mais hábil que seja escondido, ele pode se tornar o despojo dos ladrões. Por este motivo, não recomendo este plano".

"Um homem pode comprar casas ou terrenos para este fim. Se forem escolhidos sabiamente quanto à sua utilidade e valor futuros, eles são permanentes em seu valor, e seu rendimento ou sua venda proporcionarão um lucro".

"Um homem pode emprestar uma pequena soma ao agiota e aumentá-la em períodos regulares. A renda que o credor acrescenta a ela contribuirá em grande parte para seu aumento. Conheço um fabricante de sandálias, chamado Ansan, que me explicou há pouco tempo que todas as semanas, durante oito anos, tinha depositado duas moedas de prata com seu agiota. O agiota havia lhe dado recentemente uma conta pela qual ele estava muito satisfeito. O total de seus pequenos depósitos, com seu aluguel à taxa usual de um quarto de seu valor para cada quatro anos, havia se transformado em mil e quarenta moedas de prata".

"Eu o encorajei ainda mais, demonstrando com meu conhecimento dos números que em mais doze anos, se ele mantivesse seus depósitos regulares de apenas duas moedas de prata a cada semana, o emprestador de dinheiro lhe deveria então quatro mil moedas de prata, uma soma digna para o resto de sua vida".

"Certamente, quando um pagamento tão pequeno feito regularmente produz resultados tão lucrativos, nenhum homem pode se dar ao luxo de não garantir um tesouro para sua velhice e a proteção de sua família, por mais prósperos que sejam seus negócios e investimentos".

"Gostaria de poder dizer mais sobre isto. Em minha mente, repousa a crença de que um dia os sábios conceberão um esquema de seguro contra a morte pelo qual muitos homens pagarão regularmente uma soma insignificante, e que o total constituirá uma soma generosa para a família de cada membro que passar para o além. Isto eu vejo como uma coisa desejável, e que eu poderia recomendar muito".

"Mas hoje não é possível porque deve ir além da vida de qualquer homem ou de qualquer sociedade para funcionar. Deve ser tão estável quanto o trono do Rei. Um dia sinto que tal plano será realizado e será uma grande bênção para muitos homens, pois até mesmo o primeiro pequeno pagamento disponibilizará à família de um membro uma fortuna ajustada no caso de sua morte".

"Mas como vivemos em nossos dias e não nos dias vindouros, devemos tirar proveito dessas formas e meios para cumprir nossos propósitos. Portanto, recomendo a todos os homens, por métodos sábios e atenciosos, que providenciem uma bolsa cheia em seus anos de maturação. Para um homem que não pode mais ganhar dinheiro ou para uma família sem sua cabeça, é uma tragédia dolorosa".

"Este, então, é o sexto princípio. Proporcionar com antecedência as necessidades conforme seu envelhecimento e a proteção de sua família".

O sétimo princípio

- Hoje, meus alunos, estou falando com vocês sobre um dos princípios mais importantes para uma carteira cheia.

"Não falarei, porém, do ouro, mas de vocês mesmos, os homens que se sentam diante de mim sob as túnicas de muitas cores. Falarei a vocês sobre as coisas na mente e na vida dos homens que trabalham a favor ou contra seu sucesso". -Assim Arkad dirigiu-se à sua turma no sétimo dia.

"Não faz muito tempo um jovem veio me ver procurando por um empréstimo. Quando eu lhe perguntei a causa de sua necessidade, ele reclamou que sua renda era insuficiente para pagar suas despesas. Expliquei-lhe então que, sendo este o caso, ele era um mau cliente para o emprestador, pois não tinha nenhuma renda excedente para pagar o empréstimo".

"O que você precisa, jovem," disse eu, "é ganhar mais moedas. O que você está fazendo para aumentar sua capacidade de ganho"?

"Tudo o que posso fazer", respondeu ele, "seis vezes em duas luas fui até meu mestre para pedir-lhe que aumentasse meu salário, mas sem sucesso. Nenhum homem pode ir mais vezes".

-Nós podemos sorrir por sua simplicidade, mas ele possuía um dos pré-requisitos vitais para aumentar seus ganhos. Dentro dele havia um forte desejo de ganhar mais, um desejo próprio e louvável.

"Antes da realização, deve haver desejo. Seus desejos devem ser fortes e definitivos. Desejos gerais são apenas desejos fracos. Para um homem, desejar ser rico tem pouco propósito. Para um homem desejar cinco peças de ouro é um desejo tangível que ele pode pressionar para a sua realização. Uma vez que ele tenha apoiado seu desejo de cinco peças de ouro com a força de propósito para obtê-las, ele pode encontrar maneiras semelhantes de conseguir dez peças, depois vinte peças, e depois mil peças, e, assim, ele se tornou rico. Ao aprender a assegurar seu pequeno e definitivo desejo, ele se treinou para assegurar um maior. Este é o processo pelo qual a riqueza é acumulada: primeiro em pequenas somas, depois em grandes somas à medida que o homem aprende e se torna mais capaz".

"Os desejos devem ser simples e definitivos. Eles derrotam seu próprio propósito se forem muitos, muito confusos ou se estiverem além do treinamento de um homem para cumprir".

"À medida que um homem se aperfeiçoa em sua vocação, sua capacidade de ganho também aumenta. Naqueles dias, quando eu era um humilde escriba esculpindo em argila por algumas moedas de cobre por dia, observei que outros trabalhadores faziam mais do que eu e eram pagos mais. Portanto, determinei que eu não seria ultrapassado por nenhum. Tampouco descobri logo a razão de seu maior sucesso. Mais interesse em meu trabalho, mais concentração em minha tarefa, mais persistência em meu esforço e, eis que poucos homens poderiam esculpir mais tabuletas em um dia do que eu. Com razoável rapidez, minha maior habilidade foi recompensada, nem foi necessário que eu fosse seis vezes ao meu mestre para reconhecimento".

"Quanto mais sabemos da sabedoria, mais podemos ganhar. O homem que procura aprender mais sobre seu ofício será ricamente recompensado. Se ele for um artesão, pode procurar aprender os métodos e ferramentas daqueles mais habilidosos na mesma linha. Se ele for um trabalhador da lei, pode consultar e trocar conhecimentos com outras pessoas da mesma profissão. Se você for um comerciante, você pode continuamente procurar produtos melhores que possam ser comprados a preços mais baixos".

"Os assuntos do homem estão sempre mudando e melhorando, porque os homens de mente aguçada buscam maior habilidade para servir melhor àqueles de cujo patrocínio dependem.

Portanto, peço a todos os homens a estarem na linha de frente do progresso e a não ficarem parados, para que não fiquem para trás".

"Muitas coisas vêm para enriquecer a vida de um homem com experiências lucrativas. Um homem que se respeite deve fazer o seguinte":

"Primeiro, você deve pagar suas dívidas o mais rápido possível, não comprando o que você não pode pagar".

"Segundo, ele deve cuidar de sua família para que eles pensem e falem bem dele".

"Em terceiro lugar, ele deve registrar sua vontade para que, caso os Deuses o invoquem, haja uma divisão adequada e honrada de sua propriedade".

"Em quarto lugar, ele deve ter compaixão pelos feridos e atingidos pelo infortúnio e ajudá-los dentro de limites razoáveis. Ele deve realizar atos de consideração por seus entes queridos."

"Assim, o sétimo e último princípio para uma carteira cheia é cultivar suas próprias faculdades, estudar e tornar-se mais sábio, tornar-se mais hábil, agir de tal forma que você respeite a si mesmo. Então você ganhará a autoconfiança para alcançar seus desejos cuidadosamente considerados".

"Estes, então, são os sete princípios para obter uma bolsa cheia, que, a partir da experiência de uma vida longa e bem-sucedida, eu insisto sobre todos os homens que desejam riqueza. Há mais ouro na Babilônia, meus alunos, do que vocês sonham. Há muito para todos. Vão em frente e pratiquem estas verdades para que vocês possam prosperar e ficarem ricos, como é seu direito".

"Ide e ensinai estas verdades para que cada honorável sujeito de Sua Majestade também possa compartilhar generosamente da vasta riqueza de nossa amada cidade".

Conheça a deusa da boa sorte

"Se um homem tem sorte, você não pode prever a possível extensão de sua boa fortuna. Jogue-o no Eufrates e é provável que ele saia nadando com uma pérola na mão".

- Provérbio babilônico.

O desejo de sorte é universal. Era tão forte no âmago dos homens há quatro mil anos na antiga Babilônia como é no coração dos homens de hoje. Todos nós esperamos ser favorecidos pela deusa caprichosa da Boa Sorte.

Existe uma maneira de conhecê-la e atrair não apenas sua atenção favorável, mas também seus generosos favores? Existe uma maneira de atrair a boa sorte? Isso é exatamente o que os homens da antiga Babilônia queriam saber. Foi exatamente isso que eles decidiram descobrir. Eles eram homens sagazes e pensadores aguçados. Isso explica porque sua cidade se tornou a mais rica e poderosa de seu tempo.

No passado distante, eles não tinham escolas ou faculdades. Eles tinham, no entanto, um centro de aprendizado muito prático. Entre as torres da Babilônia estava uma que era tão importante quanto o Palácio do Rei, os jardins suspensos e os templos dos Deuses. Dificilmente é mencionado nos livros de história, se é que é, mas exerceu uma poderosa influência sobre o pensamento da época.

Este edifício era o Templo do Aprendizado, onde a sabedoria do passado era exposta por professores voluntários e onde tópicos de interesse popular eram discutidos em fóruns abertos.

Dentro de suas paredes, todos os homens se encontravam como iguais. O mais humilde dos escravos poderia argumentar impunemente as opiniões de um príncipe da família real.

Entre os muitos que frequentavam o Templo do Aprendizado estava um sábio rico chamado Arkad, chamado o homem mais rico da Babilônia. Ele tinha seu próprio quarto especial onde em quase todas as noites um grande grupo de homens, alguns velhos, alguns muito jovens, mas principalmente de meia-idade, se reuniam para discutir tópicos interessantes.

O sol tinha acabado de se pôr como uma grande bola de fogo vermelha brilhando através da névoa do pó do deserto quando Arkad se dirigiu para sua plataforma habitual. Já quatro dúzias de homens estavam esperando sua chegada, deitados em seus tapetes espalhados pelo chão. Ainda mais estavam chegando.

-Do que falaremos hoje à noite? - perguntou Arkad.

Depois de uma breve hesitação, um conhecido tecelão de pano se dirigiu a ele, levantando-se como sempre.

-Eu tenho um tópico que gostaria de ver discutido, mas hesito em oferecê-lo para que não pareça ridículo para você, Arkad, e para meus bons amigos aqui.

Instado a oferecê-lo, tanto por Arkad como pelos apelos de outros, ele continuou:

- Hoje tive sorte, porque encontrei uma bolsa com peças de ouro dentro. Continuar a ter sorte é meu grande desejo. Sentindo que todos os homens compartilham este desejo comigo, sugiro que discutamos como atrair a boa sorte para que possamos descobrir como atraí-la para você.

-Um assunto muito interessante foi oferecido", comentou Arkad, "muito digno de nossa discussão. Para alguns homens, a boa sorte nada mais é do que uma ocorrência casual que, como um acidente, pode ocorrer sem propósito ou razão. Outros acreditam que a instigadora de toda boa sorte é nossa deusa mais generosa, Ashtar, sempre ansiosa para recompensar com presentes generosos aqueles que lhe agradam. Falai, meus amigos, o que dizeis, devemos procurar se houver meios de boa sorte para visitar todos e cada um de nós"?

-Sim", respondeu o crescente grupo de ouvintes ávidos. Em seguida, Arkad continuou:

-Para iniciar nossa discussão, vamos primeiro ouvir daqueles entre nós que desfrutaram de experiências semelhantes às do tecelão em encontrar ou receber, sem esforço de sua parte, tesouros ou joias valiosas.

Houve uma pausa na qual todos olharam em volta esperando que alguém respondesse, mas ninguém respondeu.

-O que, ninguém? -Arkad disse: "então este tipo de boa sorte deve ser raro. Quem vai sugerir agora onde devemos continuar nossa busca"?

-Eu o farei", disse um jovem bem vestido, levantando-se. "Quando um homem fala de sorte, não é natural que seus pensamentos se voltem para as mesas de ouro? Não será que encontramos aí muitos homens cortejando o favor da deusa na esperança de que ela o abençoe com ricos ganhos"?

Ao sentar-se de novo, uma voz disse: "Não pare, continue sua história! Diga-nos, você encontrou favor com a deusa nas mesas de jogo? Ela virou os cubos para cima para que você enchesse sua bolsa às custas do jogador, ou ela permitiu que os lados azuis ficassem virados para cima para que o jogador levasse suas peças prateadas e duramente conquistadas"?

O jovem se juntou ao riso bondoso e depois respondeu: "Não resisto a admitir que a deusa da sorte não parecia saber que eu estava lá. Mas e o resto de vocês? Vocês a encontraram esperando naqueles lugares para rolar os cubos a seu favor? Estamos ansiosos para ouvir e para aprender".

"Um começo sábio", disse Arkad, "Encontramo-nos aqui para considerar todos os aspectos de cada questão. Ignorar a mesa de jogo seria negligenciar um instinto comum à maioria dos homens, o amor de arriscar uma pequena quantidade de prata na esperança de ganhar muito ouro".

-Isso me lembra as corridas de ontem", disse outro ouvinte. "Se a deusa frequenta as mesas de jogo, ela certamente não ignora as corridas onde carruagens douradas e cavalos brilhantes oferecem muito mais excitação. Diga-nos honestamente, Arkad, ela sussurrou para você apostar naqueles cavalos cinzentos de Nínive ontem? Eu estava bem atrás de você e mal podia acreditar nos meus ouvidos quando ouvi você apostar nos cinzentos. Você sabe tão bem quanto qualquer um de nós que nenhuma equipe em toda a Assíria pode vencer nossos amados cavalos em uma corrida justa".

-Sussurrou a deusa no seu ouvido para apostar nos cinzentos porque na última volta um cavalo tropeçaria e interferiria com nossos cavalos de tal forma que os cinzentos ganhariam a corrida e marcariam uma vitória imerecida?

Arkad sorriu indulgentemente para a piada.

-Que razão temos para pensar que a boa deusa se interessaria tanto pela aposta de qualquer homem em uma corrida de cavalos? Para mim, ela é uma deusa de amor e dignidade, cujo prazer é ajudar os necessitados e recompensar os merecedores. Eu procuro encontrá-la, não nas mesas de jogo ou nas corridas onde os homens perdem mais ouro do que ganham, mas em outros lugares onde as ações dos homens são mais valiosas e dignas de recompensa.

"Na lavoura do solo, no comércio honesto, em todas as ocupações do homem, há a oportunidade de lucrar com seus esforços e suas transações. Ele pode não ser recompensado o tempo todo porque às vezes seu julgamento pode estar errado e às vezes os ventos e o clima podem derrotar seus esforços.

Entretanto, se você persistir, geralmente pode esperar obter lucro. Isto porque as probabilidades de lucro estão sempre a seu favor".

"Mas, quando um homem joga, a situação se inverte, pois as chances de lucro são sempre contra ele e sempre a favor do dono do jogo. É seu negócio no qual ele planeja fazer um lucro liberal para si mesmo a partir das moedas apostadas pelos jogadores. Poucos jogadores percebem o quão certos são os ganhos da casa e quão incertas são suas próprias chances de ganhar".

"Por exemplo, considere as apostas feitas sobre o cubo. Cada vez que ela é lançada, apostamos em qual lado será mais alto. Se for o lado vermelho, o dono do jogo nos paga quatro vezes nossa aposta. Mas se qualquer outro dos cinco lados surgir, perdemos nossa aposta. Assim, os números mostram que para cada arremesso temos cinco chances de perder, mas como o vermelho paga quatro para um, temos quatro chances de ganhar. Em uma noite de jogo, o dono do jogo pode esperar manter um quinto de todas as moedas apostadas. Um homem pode esperar ganhar mais do que ocasionalmente contra as probabilidades tão arranjadas que ele deve perder um quinto de todas as suas apostas"?

-No entanto, alguns homens às vezes ganham grandes somas", disse um dos ouvintes.

-Sim, eles ganham", continuou Arkad. "Ao perceber isto, me surge a dúvida se o dinheiro assim obtido traz valor permanente para aqueles que são tão afortunados. Entre meus conhecidos estão muitos dos homens de sucesso da Babilônia e, no entanto, não posso citar um único que tenha iniciado seu sucesso a partir de tal fonte".

"Vocês que estão aqui reunidos esta noite conhecem muitos mais de nossos principais cidadãos. Seria muito interessante para mim saber quantos de nossos cidadãos de sucesso podem atribuir seu início com sucesso às mesas de jogo. Suponha que cada um de vocês fale sobre aqueles que conhece. O que vocês me dizem"?

Depois de um longo silêncio, um homem aventurou-se: "Você inclui os donos de jogo em sua pergunta"?

-Se você não pensar em mais ninguém, sim", respondeu Arkad.

-Se nenhum de vocês consegue pensar em alguém, o que dizer de vocês mesmos? Há algum vencedor entre nós que hesitaria em aconselhar uma tal fonte de renda?

Seu desafio foi respondido por uma série de gemidos da retaguarda, que se espalharam em meio a muitas gargalhadas.

-Parecemos não estar procurando por boa sorte nos lugares que a deusa frequenta", continuou ele. "Então vamos explorar outros campos. Não a encontramos na busca de bolsas perdidas. Tampouco a encontramos rondando as mesas de jogo. Quanto às corridas, devo confessar que perdi muito mais moedas lá do que ganhei".

"Agora, suponhamos que consideramos nossos negócios; não é natural que, se concluirmos uma transação lucrativa, devemos considerá-la não como uma boa sorte, mas como uma justa recompensa por nossos esforços? Estou inclinado a pensar que podemos estar ignorando os dons da deusa. Talvez ela realmente nos ajude e nós não apreciamos sua generosidade. Quem pode sugerir uma discussão mais profunda"?

Naquele momento, um comerciante idoso se levantou, ajeitando seu gentil manto branco.

-Com sua permissão, honrado Arkad e meus amigos, eu ofereço uma sugestão. Se, como você disse, creditamos nossa própria indústria e habilidade para nosso sucesso comercial, por que não considerar os sucessos que quase desfrutamos, mas que perdemos, eventos que teriam sido muito lucrativos? Teriam sido raros exemplos de boa sorte se realmente tivessem acontecido. Como eles não aconteceram, não podemos considerá-los como nossas justas recompensas. Certamente muitos homens aqui têm tais experiências a relatar.

-Essa é uma abordagem sábia", concordou Arkad. "Quem entre vocês teve a sorte de ver a sorte escapar"?

Muitas mãos foram levantadas, inclusive a do comerciante. Arkad pediu para que ele falasse.

-Como você sugeriu este tópico, gostaríamos de ouvir de você.

-Contarei com prazer uma história", continuou ele, "que ilustra como um homem pode chegar perto da boa sorte, e como ele pode cegamente deixá-la escapar, para sua perda e subsequente arrependimento".

"Há muitos anos, quando eu era jovem, recém casado e com uma boa renda, meu pai veio até mim um dia e me pediu que fizesse um investimento. O filho de um de seus bons amigos havia se fixado em um terreno baldio não muito longe das muralhas externas de nossa cidade. Estava situado no topo do canal, onde a água não chegava".

"O filho de um amigo de meu pai elaborou um plano para comprar esta terra, construir três grandes rodas d'água que poderiam ser movidas por bois e assim elevar as águas que dão vida ao solo fértil. Uma vez feito isso, ele planejou dividi-lo em pequenos lotes e vendê-los aos residentes da cidade para fazer hortas".

"O filho do amigo de meu pai não possuía ouro suficiente para realizar tal negócio, ao contrário de mim, um jovem que ganhou uma boa soma. Seu pai, como o meu, era um homem de uma grande família e de meios limitados. Ele decidiu, portanto, interessar um grupo de homens para se tornarem sócios. O grupo deveria ser composto por doze pessoas, cada uma das quais deveria ganhar dinheiro e concordar em pagar um décimo de seus ganhos até que o terreno estivesse pronto para a venda. Então, todos participariam de forma justa dos lucros na proporção de seu investimento".

-Você, meu filho", disse-me meu pai, "já está na sua juventude. É meu profundo desejo que você comece a construir um patrimônio valioso, para que possa se tornar respeitado entre os homens. Desejo que você se beneficie do conhecimento dos erros irrefletidos de seu pai".

-Isto é o que eu mais quero, meu pai", respondi.

-Este é meu conselho para você. Faça o que eu deveria ter feito na sua idade. Guarde um décimo de seus ganhos para colocar em investimentos favoráveis. Com esta décima parte de seus ganhos e o que também é ganho, você poderá, antes de atingir minha idade, acumular para si mesmo um patrimônio valioso.

-Suas palavras são palavras de sabedoria, meu pai. Eu desejo muita riqueza. No entanto, há muitos usos a que meus ganhos são destinados. Portanto, não hesito em fazer o que o senhor me aconselha. Eu sou jovem. Há tempo de sobra.

-É o que eu pensava na sua idade, mas eis que muitos anos se passaram e eu ainda não alcancei meus objetivos.

-Vivemos em um tempo diferente, meu pai. Vou evitar seus erros.

-A oportunidade está diante de você, meu filho. Ela lhe oferece uma chance que pode levá-lo à riqueza. Peço-lhe que não demore. Vá amanhã ao filho do meu amigo e negocie com ele o pagamento de dez por cento de seus lucros sobre este investimento. Vá cedo no dia seguinte. A oportunidade não espera por ninguém. Hoje ela está aqui; em breve desaparecerá. Portanto, não demore.

-Apesar do conselho de meu pai, eu hesitei. Havia belas vestes novas que tinham acabado de ser trazidas do Oriente pelos comerciantes, vestes de tal riqueza e beleza que minha boa esposa e eu sentimos que cada um de nós deveria possuir uma.

Se eu concordasse em pagar um décimo de meus ganhos, teríamos que nos privar destes e de outros prazeres que muito desejávamos. Adiei a decisão até ser tarde demais, para meu pesar posterior. O negócio acabou sendo mais lucrativo do que qualquer homem havia profetizado. Esta é minha conta, mostrando como deixei que a boa fortuna me escapasse.

-Nesta história vemos como a boa sorte espera o homem que aceita a oportunidade", comentou um homem escuro do deserto. "Na construção da riqueza deve haver sempre um começo. Esse começo pode ser algumas peças de ouro ou prata que um homem desvia de seus ganhos para seu primeiro investimento. Eu mesmo sou dono de muitos rebanhos. O início dos meus rebanhos fiz quando eu era um mero garoto e comprei com um pedaço de prata um bezerro jovem. Este, sendo o início da minha riqueza, foi de grande importância para mim".

-Dar o primeiro passo na construção da riqueza é a melhor sorte que um homem pode ter. Para todos os homens, esse primeiro passo, que os transforma de homens que ganham com seu próprio trabalho em homens que ganham dividendos com os lucros de seu ouro, é um passo importante. Alguns, felizmente, tomam-no quando são jovens, e assim superam em sucesso financeiro aqueles que o tomam mais tarde, ou aqueles homens infelizes, como o pai deste comerciante, que nunca o tomam.

"Se nosso amigo, o comerciante, tivesse dado este passo em seus primeiros anos, quando esta oportunidade se apresentou a ele, ele seria hoje abençoado com muito mais mercadorias deste mundo. Se a boa sorte de nosso amigo, o tecelão de pano, o levar a dar este passo neste momento, será, de fato, apenas o começo de uma sorte muito maior".

-Obrigado! Eu também gostaria de falar. -Um estranho de outro país se levantou. "Eu sou sírio. Eu não falo sua língua muito bem. Gostaria de chamar este amigo, o comerciante, de um nome. Talvez você pense que não é educado, este nome. Entretanto, eu gostaria de chamá-lo assim. Mas, infelizmente, eu não conheço sua palavra. Se eu o chamar em sírio, você não vai entender. Portanto, por favor, alguns bons senhores, digam-me aquele nome correto pelo qual se chama um homem que deixa de fazer aquelas coisas que podem ser boas para ele".

-Procrastinador", disse uma voz.

-É verdade", gritou o sírio, acenando com entusiasmo suas mãos, "ele não aceita a oportunidade quando ela aparece. Ele espera. Ele diz que tem muitos negócios no momento. A oportunidade não vai esperar por um sujeito tão lento. Ela acha que se um homem quiser ter sorte, dará um passo rápido. Qualquer homem que não é rápido quando a oportunidade chega é um grande procrastinador como nosso amigo, este comerciante".

O comerciante se levantou e se curvou de boa vontade em resposta às gargalhadas. -Minha admiração por você, estranho a nossos portões, que não hesita em falar a verdade.

-E agora vamos ouvir outra história de oportunidade, quem tem outra experiência para nós?", perguntou Arkad.

-Eu tenho", respondeu um homem de meia-idade com uma túnica vermelha. "Sou um comprador de animais, principalmente camelos e cavalos. Às vezes eu também compro ovelhas e cabras. A história que estou prestes a contar é um relato verdadeiro de como a oportunidade se apresentou uma noite, quando menos esperava por ela. Talvez por esta razão eu a tenha deixado escapar. Vocês serão os juízes disso".

"Voltando à cidade uma noite depois de uma desanimadora viagem de dez dias em busca de camelos, fiquei muito zangado ao encontrar as portas da cidade fechadas e trancadas. Enquanto meus escravos montavam nossa tenda para a noite, que parecia que íamos passar com pouca comida e sem água, fui abordado por um fazendeiro idoso que, como nós, estava trancado do lado de fora".

-Honorável senhor", ele me dirigiu, "pela sua aparência, eu o considero um comprador. Se assim for, eu gostaria muito de lhe vender o excelente rebanho de ovelhas que eu tenho. Infelizmente, minha boa esposa está muito doente com febre. Devo voltar com toda a pressa. Compre minhas ovelhas para que eu e meus escravos possamos montar em nossos camelos e voltar sem demora".

-Estava tão escuro que eu não podia ver seu rebanho, mas eu sabia, pelo barulho, que ele devia ser grande. Depois de ter desperdiçado dez dias procurando camelos que não consegui encontrar, fiquei feliz em barganhar com ele. Em sua ansiedade, ele fixou um preço muito razoável. Eu aceitei, sabendo muito bem que meus escravos poderiam conduzir o rebanho através das portas da cidade pela manhã e vendê-lo com um lucro considerável.

"O negócio sendo concluído, eu chamei meus escravos para trazer tochas para que pudéssemos contar o rebanho, que o fazendeiro declarou conter novecentos. Não vou sobrecarregar vocês, meus amigos, com uma descrição de nossa dificuldade em tentar contar tantas ovelhas sedentas, inquietas e moedoras. Isso provou ser uma tarefa impossível. Informei, portanto, abertamente ao fazendeiro que os contaria ao amanhecer e lhe pagaria então".

-Por favor, senhor muito honrado", implorou ele, "pague-me apenas dois terços do preço hoje à noite para que eu possa estar a caminho. Deixarei meu escravo mais inteligente e educado para ajudá-lo com a conta pela manhã. Ele é de confiança e você pode lhe pagar o resto".

-Mas eu era teimoso e me recusei a fazer o pagamento naquela noite. Na manhã seguinte, antes de eu acordar, as portas da cidade se abriram e quatro compradores saíram correndo em busca de rebanhos. Eles estavam muito ansiosos e dispostos a pagar preços altos porque a cidade estava ameaçada de cerco e a oferta de alimentos era escassa. O velho fazendeiro recebeu quase três vezes o preço pelo qual ele me ofereceu o rebanho.

-Aqui está uma história muito incomum", comentou Arkad. "Que sabedoria sugere"?

-A sabedoria de fazer um pagamento imediatamente quando estamos convencidos de que nosso acordo é sábio", sugeriu um venerável fabricante de selas. "Se o acordo for bom, então você precisa de proteção contra suas próprias fraquezas tanto quanto contra qualquer outro homem. Nós, os mortais, somos mutáveis. Devo dizer que é mais provável que mudemos de ideia quando estamos certos do que quando estamos errados. Errados, nós somos muito teimosos. Certos, estamos propensos a hesitar e a deixar escapar a oportunidade. Meu primeiro julgamento é o melhor. No entanto, sempre achei difícil forçar-me a fazer um bom negócio quando ele é feito. Portanto, como proteção contra minhas próprias fraquezas, eu faço um depósito rápido. Isto me poupa de arrependimentos posteriores por uma boa fortuna que deveria ter sido minha".

-Obrigado! Mais uma vez, gostaria de falar. -O sírio se levantou mais uma vez. "Estas histórias são muito parecidas. Cada vez a oportunidade desaparece pelo mesmo motivo. Sempre que hesitam, pensam que não é o melhor momento e não o fazem rapidamente. Como os homens podem ter sucesso assim"?

-Suas palavras são sábias, meu amigo", respondeu o comprador de animais. "A boa sorte fugiu nestas duas histórias. No entanto, isto não é incomum. O espírito de procrastinação está em todos os homens. Desejamos riqueza; no entanto, com que frequência, quando a oportunidade se apresenta diante de nós, esse espírito de procrastinação nos impele a retardar nossa aceitação. Ao ouvi-lo, nos tornamos nossos próprios piores inimigos".

"No início eu pensava que era o meu próprio mau julgamento que me fazia perder muitos negócios lucrativos. Mais tarde, atribuí-o à minha disposição teimosa. Finalmente, reconheci-o pelo que era: um hábito de atraso desnecessário onde era necessário agir, ação rápida e decisiva. Como eu odiei quando seu verdadeiro caráter foi revelado. Com o amargor de um selvagem atrelado a uma carruagem, eu me libertei deste inimigo do sucesso".

-Obrigado! Eu gostaria de fazer uma pergunta. -O sírio falou. "Você usa roupas finas, não como as de um homem pobre. Você fala como um homem de sucesso. Diga-nos, você ouve agora quando a procrastinação sussurra no seu ouvido"?

-Como nosso amigo comprador de animais, eu também tive que reconhecer e superar a procrastinação", respondeu o comerciante. "Para mim, acabou se tornando uma inimiga, sempre observando e esperando para frustrar minhas conquistas".

-A história que contei é apenas um dos muitos casos similares que pude contar para mostrar como isso me afastou de minhas oportunidades. Não é difícil de conquistar, uma vez que seja compreendido. Nenhum homem permite voluntariamente que o ladrão roube seu grão. Nem qualquer homem permite voluntariamente que um inimigo afaste seus clientes e roube seus lucros. Quando uma vez reconheci que tais atos foram cometidos por meu inimigo, eu o conquistei com determinação. Assim, cada homem deve dominar seu próprio espírito de procrastinação antes de esperar participar dos ricos tesouros da Babilônia.

-Que dizes tu, Arkad? Porque você é o homem mais rico da Babilônia, muitos o proclamam o mais afortunado. Você concorda comigo que nenhum homem pode alcançar a plenitude do sucesso até que tenha esmagado completamente o espírito de procrastinação dentro de si mesmo?

-É como você diz", admitiu Arkad. "Em minha longa vida vi geração após geração avançar nos caminhos do comércio, da ciência e do aprendizado que levam ao sucesso na vida. Oportunidades surgiram para todos esses homens. Alguns se apoderaram delas e avançaram firmemente em direção à gratificação de seus desejos mais profundos, mas a maioria vacilou e ficou para trás".

Arkad falou com o tecelão de pano. -Você sugeriu que discutíssemos a boa sorte. Deixe-nos agora ouvir seus pensamentos sobre o assunto.

-Vejo a boa sorte sob uma luz diferente. Eu costumava pensar nisso como algo muito desejável que poderia acontecer a um homem sem nenhum esforço de sua parte. Agora percebo que tais eventos não são o tipo de coisa que se pode atrair para si mesmo. De nossa discussão aprendi que, para atrair boa sorte para si mesmo, é necessário aproveitar as oportunidades. Portanto, no futuro, me esforçarei para aproveitar ao máximo as oportunidades que me são oferecidas.

-Você entendeu bem as verdades expostas em nossa discussão", respondeu Arkad. "A boa sorte, como vemos, muitas vezes segue a oportunidade, mas raramente vem de outra forma. Nosso amigo comerciante teria encontrado muita sorte se tivesse aceitado a oportunidade que a boa deusa lhe apresentou. Nosso amigo comprador, da mesma forma, teria tido boa sorte se tivesse completado a compra do rebanho e vendido com um lucro tão grande".

"Temos prosseguido esta discussão para encontrar uma maneira de trazer boa sorte para nós. Acho que encontramos o caminho. Ambas as histórias ilustram como a boa sorte segue a oportunidade. Aqui está uma verdade que muitas histórias semelhantes de boa sorte, ganhas ou perdidas, não puderam mudar. A verdade é esta: A boa sorte pode ser atraída ao aceitar a oportunidade".

"Aqueles que estão ansiosos para aproveitar as oportunidades para sua melhoria, atraem o interesse da boa deusa. Ela está sempre ansiosa para ajudar aqueles que lhe agradam. Os homens de ação são os que ela mais favorece".

"A ação o levará aos sucessos que você deseja"[. Os homens de ação são favorecidos pela Deusa da Fortuna".

Leis do ouro

-Uma bolsa carregada de ouro ou uma tabuleta de barro esculpida com palavras de sabedoria; se você pudesse escolher, qual você escolheria?

Na luz cintilante do fogo do deserto, as faces bronzeadas dos ouvintes brilhavam de interesse.

-O ouro, o ouro", bradaram os vinte e sete.

O velho Kalabab sorriu com um sorriso de conhecimento.

-Ouçam", continuou ele, levantando a mão. "Ouçam os cães selvagens durante a noite. Eles uivam e lamentam porque estão magros de fome. No entanto, alimente-os, e o que eles fazem? Eles lutam e se pavoneiam. Então eles lutam e se pavoneiam mais, sem pensar no amanhã que certamente virá".

"Assim é com os filhos dos homens. Dada a escolha entre ouro e sabedoria, o que eles fazem? Eles ignoram a sabedoria e desperdiçam o ouro. No dia seguinte, eles choram porque não têm mais ouro".

"O ouro é reservado para aqueles que conhecem suas leis e as mantêm".

Kalababab enrolou sua túnica branca em torno de suas pernas delgadas enquanto soprava um vento fresco noturno.

-Porque vocês me serviram fielmente em nossa longa jornada, porque cuidaram bem de meus camelos, porque trabalharam inquestionavelmente através das areias ardentes do deserto, porque lutaram corajosamente contra os ladrões que procuravam roubar minhas mercadorias, vou contar-lhes esta noite a história das cinco leis do ouro, uma história como vocês nunca ouviram antes.

"Escutem com profunda atenção as palavras que eu digo, pois se vocês entenderem o significado delas e as ouvirem, nos próximos dias vocês terão muito ouro".

Ele parou de modo impressionante. Acima, em um dossel azul, as estrelas brilhavam nos céus cristalinos da Babilônia. Atrás do grupo, suas tendas desbotadas estavam fortemente estacionadas contra possíveis tempestades no deserto. Ao lado das barracas, havia pacotes de mercadorias bem empilhados e cobertos com peles. O rebanho se estendia sobre a areia, alguns mastigando de forma contente, outros roncando em rouca discórdia.

-Você nos contou muitas boas histórias, Kalabab", disse o empacotador-chefe. "Esperamos que sua sabedoria nos guie amanhã, quando nosso serviço com você chegar ao fim".

-Vos falei apenas de minhas aventuras em terras estranhas e distantes, mas esta noite vou falar-lhes da sabedoria de Arkad, o sábio rico.

-Nós ouvimos muito sobre ele", disse o empacotador chefe, "pois ele foi o homem mais rico que já viveu na Babilônia".

-Ele era o homem mais rico, e isso porque era sábio nos caminhos do ouro, como nenhum homem jamais havia sido antes. Esta noite lhes falarei de sua grande sabedoria, como me disse Nomasir, seu filho, há muitos anos em Nínive, quando eu era apenas um garoto.

"Meu mestre e eu tínhamos ficado até tarde da noite no palácio de Nomasir. Eu tinha ajudado meu mestre a trazer grandes fardos de tapetes finos, cada um dos quais deveria ser experimentado por Nomasir até que ele estivesse satisfeito com sua escolha de cores. Finalmente ele ficou satisfeito e nos mandou sentar com ele e beber uma safra rara, perfumada até as narinas e muito quente para o meu estômago, que não estava acostumado a tal bebida".

"Então ele nos contou esta história da grande sabedoria de Arkad, seu pai, como eu a contarei a vocês".

"Na Babilônia é costume, como você sabe, que os filhos de pais ricos vivam com seus pais na expectativa de herdar sua riqueza. Arkad não aprovou este costume. Assim, quando Nomasir atingiu a maioridade, ele mandou chamar o jovem e se dirigiu a ele":

-Meu filho, é meu desejo que você herde meus bens. Entretanto, é preciso primeiro provar que você é capaz de lidar com isso de forma sensata. Portanto, desejo que você saia ao mundo e demonstre sua capacidade tanto para adquirir ouro quanto para se fazer respeitar entre os homens.

"Para começar bem, vou lhe dar duas coisas que eu mesmo recusei quando comecei como um jovem pobre a construir uma fortuna".

"Primeiro, eu lhe dou este saco de ouro. Se você usá-lo sabiamente, ele será a base de seu sucesso futuro".

"Em segundo lugar, eu lhe dou esta tabuleta de barro na qual estão gravadas as cinco leis do ouro. Se você as interpretar em suas próprias ações, elas lhe darão competência e segurança".

"Dez anos a partir deste dia, volte para a casa de seu pai e nos conte sua história. Se você se mostrar digno, eu o farei herdeiro de minha propriedade. Caso contrário, eu o darei aos sacerdotes para que troquem pela consideração da entrada de minha alma na terra dos Deuses".

-Então Nomasir se propôs a fazer seu próprio caminho, carregando sua bolsa de ouro, a tabuleta de barro cuidadosamente envolta em pano de seda, seu escravo e dois cavalos.

"Passaram-se dez anos, e Nomasir, como havia concordado, voltou à casa de seu pai, que deu um grande banquete em sua honra, para o qual convidou muitos amigos e parentes. Quando o banquete terminou, o pai e a mãe sentaram-se em seus tronos em um dos lados do grande salão, e Nomasir ficou diante deles para prestar contas de si mesmo, como havia prometido a seu pai".

"Era noite. A sala estava cheia de fumaça dos pavios das lâmpadas de óleo que a acendiam mal. Escravos em casacos brancos e túnicas rítmicas, abanavam o ar úmido com folhas de palma longa. A dignidade majestosa coloriu a cena. A esposa de Nomasir e dois filhos pequenos, juntamente com amigos e outros membros da família, sentaram-se em tapetes atrás dele, ouvindo atentamente".

-Meu pai", disse ele com deferência, "eu me curvo à sua sabedoria. Há dez anos, quando eu estava às portas da masculinidade, você me pediu para sair e me tornar um homem entre os homens, em vez de permanecer um vassalo de sua fortuna".

"Você me deu generosamente seu ouro. Você me deu generosamente sua sabedoria. Quanto ao ouro, ai de mim"!

"Devo admitir que a manipulação foi desastrosa. De fato, ele fugiu de minhas mãos inexperientes como uma lebre selvagem foge, na primeira oportunidade, do jovem que a captura".

O pai sorriu indulgentemente. -Vá em frente, meu filho, sua história me interessa em cada detalhe.

-Decidi ir para Nínive, pois era uma cidade em crescimento, acreditando que lá eu poderia encontrar oportunidades. Juntei-me a uma caravana e entre seus membros fiz muitos amigos. Entre eles estavam dois homens bem falados que tinham um belo cavalo branco tão rápido quanto o vento.

"Enquanto viajávamos, foi-me dito com confiança que em Nínive havia um homem rico que possuía um cavalo tão rápido que nunca havia sido derrotado. Seu proprietário acreditava que nenhum cavalo vivo poderia correr mais rápido. Portanto, ele apostaria qualquer soma, por maior que fosse, que seu cavalo era mais rápido que qualquer outro cavalo em toda a Babilônia. Em comparação com o cavalo deles, disseram meus amigos, ele não passava de um asno desajeitado que podia ser facilmente derrotado".

"Eles me ofereceram, como um grande favor, que eu me juntasse a eles em uma aposta. Eu concordei com o plano".

"Nosso cavalo foi totalmente derrotado e eu perdi muito do meu ouro. -Mais adiante, descobri que era um esquema enganoso desses homens e que eles estavam constantemente viajando com caravanas em busca de vítimas. O homem de Nínive era seu parceiro e compartilhou com eles as apostas que ganhou".

"Este ardiloso engano me ensinou minha primeira lição para cuidar de mim mesmo. Logo aprendi outra lição, igualmente amarga. Na caravana estava outro jovem com o qual me tornei bastante amigável. Ele era filho de pais ricos e, como eu, estava viajando para Nínive em busca de sua fortuna. Pouco depois de nossa chegada, ele me disse que um comerciante havia morrido e que sua loja, com seus produtos ricos e sua clientela, poderia ser obtida a um preço baixo. Dizendo que seríamos parceiros iguais, mas que ele deveria primeiro voltar à Babilônia para garantir seu ouro, ele me convenceu a comprar a mercadoria com meu ouro, concordando que o dele seria usado mais tarde para conduzir nossos negócios".

"Ele atrasou a viagem para a Babilônia por um longo tempo, provando, entretanto, ser um comprador imprudente e um gastador idiota. Finalmente o abandonei, mas não antes que o negócio se deteriorasse ao ponto de termos apenas bens invendáveis e nenhum ouro para comprar outros bens. Eu vendi o que sobrou para um israelita por uma soma miserável".

"Em seguida, eu lhe digo, meu pai, seguiram-se dias amargos. Procurei emprego e não encontrei nenhum, pois não tinha nenhuma profissão ou treinamento que me permitisse ganhar. Eu vendi meus cavalos. Eu vendi meu escravo. Vendi minhas roupas extras para que eu pudesse ter comida e um lugar para dormir, mas a cada dia que passava, a necessidade sombria espreitava mais e mais".

"Mas naqueles dias amargos, eu me lembrei de sua confiança em mim, meu pai. Você me enviou para me tornar um homem, e isto eu estava determinado a realizar". -A mãe enterrou seu rosto e chorou suavemente. "Naquele momento, eu me lembrei da tabuleta que você me deu e na qual havia esculpido as cinco leis do ouro. Então li cuidadosamente suas palavras de sabedoria e percebi que, se eu tivesse buscado a sabedoria primeiro, meu ouro não teria sido perdido".

"Aprendi de cor todas as leis e decidi que, quando mais uma vez a deusa da boa fortuna sorrisse para mim, eu seria guiado pela sabedoria da idade e não pela inexperiência da juventude".

"Para o benefício de vocês que estão sentados aqui esta noite, vou ler a sabedoria de meu pai, tal como está gravada na tabuleta de barro que ele me deu há dez anos":

As cinco leis do ouro

1. O ouro vem com prazer e em quantidade crescente para qualquer homem que coloca nada menos que um décimo de seus ganhos na construção de riqueza para o seu futuro e o de sua família.
2. O ouro trabalha com diligência e satisfação para o sábio proprietário que encontra um uso lucrativo para ele, multiplicando-se como os rebanhos do campo.
3. O ouro se agarra à proteção do proprietário prudente que o investe sob o conselho de homens sábios em sua gestão.
4. O ouro escapa ao homem que o investe para negócios ou fins com os quais ele não está familiarizado ou que não são aprovados pelos especialistas em sua custódia.
5. O ouro foge do homem que quer forçá-lo a ganhos impossíveis ou que segue os conselhos sedutores de trapaceiros e vigaristas ou que o confia a sua própria inexperiência e desejos românticos de investimento.

"Estas são as cinco leis do ouro, como escritas por meu pai. Eu as proclamo como sendo de maior valor do que o próprio ouro, como demonstrarei na continuação de minha história".

Ele se voltou para olhar para seu pai. -Falei-lhes das profundezas da pobreza e do desespero aos quais minha inexperiência me levou.

"Entretanto, não há nenhuma cadeia de desastres que não chegue a um fim. O meu veio quando consegui um emprego gerenciando uma equipe de escravos trabalhando na nova muralha externa da cidade".

"Aproveitando meu conhecimento da primeira lei do ouro, economizei um cobre de meus primeiros ganhos, acrescentando-lhe em cada oportunidade até ter um pedaço de prata. Foi um procedimento lento, pois é preciso viver".

"Eu fiz isso relutantemente, admito, porque estava determinado a voltar antes do meu décimo aniversário tanto ouro quanto você, meu pai, me havia dado".

"Um dia o senhor dos escravos, com quem eu me tornei bastante amigável, me disse: "Você é um jovem parcimonioso que não gasta inutilmente o que ganha. Você tem algum ouro guardado que não tenha gasto"?"

-Sim", respondi, "é meu maior desejo acumular ouro para substituir o que meu pai me deu e que eu perdi".

-É uma ambição digna, eu admito, e você sabe que o ouro que você economizou pode trabalhar para você e lhe render muito mais ouro?

-Sim, minha experiência tem sido amarga, pois o ouro de meu pai fugiu de mim, e tenho muito medo de que o meu faça o mesmo.

-Se você tiver confiança em mim, eu lhe darei uma lição sobre a lucrativa manipulação do ouro", respondeu ele. "Dentro de um ano a parede externa estará completa e pronta para que os grandes portões de bronze sejam construídos em cada entrada para proteger a cidade dos inimigos do rei".

"Em todo o Nínive não há metal suficiente para fazer estes portões e o rei não pensou em como obtê-lo. Este é o meu plano: um grupo de nós reunirá nosso ouro e enviará uma caravana para as minas de cobre e estanho, que estão longe, e trará o metal para os portões de Nínive. Quando o rei disser: "Façam os grandes portões", só nós poderemos fornecer o metal e ele pagará um bom preço. Se o rei não comprar, ainda teremos o metal que pode ser vendido a um preço justo".

-Em sua oferta reconheci uma oportunidade de cumprir a terceira lei e investir minhas economias sob a orientação de homens sábios. Eu não fiquei desapontado. Nosso empreendimento foi um sucesso, e minha pequena reserva de ouro foi consideravelmente aumentada com a transação.

"No devido tempo, fui aceito como membro deste mesmo grupo em outras empreendimentos. Eles eram homens sábios no manuseio lucrativo do ouro. Eles discutiam com muito cuidado todos os planos apresentados, antes de começarem um. Eles não arriscavam perder seu capital ou amarrá-lo em investimentos não rentáveis dos quais o ouro não poderia ser recuperado. Coisas tolas como a corrida de cavalos a sociedade na qual eu havia entrado com minha inexperiência não teria tido muita consideração. Eles teriam imediatamente apontado seus problemas".

"Através de minha associação com estes homens, aprendi a investir ouro com segurança para obter lucro. Com o passar dos anos, meu tesouro foi crescendo cada vez mais rápido. Não só recuperei o que havia perdido, mas muito mais".

"Através de meus infortúnios, minhas provações e meus sucessos, tenho testado repetidamente a sabedoria das cinco leis do ouro, meu pai, e tenho provado sua verdade em cada provação. Para aquele que não conhece as cinco leis, o ouro não vem e vai com frequência. Mas para aquele que cumpre as cinco leis, o ouro vem e trabalha como seu escravo obediente".

Nomasir parou de falar e gesticulou para um escravo no fundo da sala. O escravo trouxe, um de cada vez, três sacos de couro pesados. Um deles, Nomasir pegou e colocou-o no chão antes de seu pai se dirigir novamente a ele:

-Você me deu um saco de ouro, ouro da Babilônia. Eis que, em seu lugar, eu lhe devolvo um saco de ouro de Nínive com o mesmo peso. Uma troca igual, como todos concordarão.

-Você me deu uma tabuleta de barro com uma inscrição de sabedoria. Eis que, em vez disso, lhe devolvo dois sacos de ouro.

Dito isto, ele pegou as outras duas bolsas do escravo e as colocou no chão, na frente de seu pai, da mesma maneira.

-Faço isto para mostrar a você, meu pai, que considero sua sabedoria de muito maior valor do que seu ouro. No entanto, quem pode medir em sacos de ouro o valor da sabedoria? Sem sabedoria, o ouro é rapidamente perdido por aqueles que o têm, mas com sabedoria, o ouro pode ser conseguido por aqueles que não o têm, como provam estas três bolsas de ouro.

"De fato, me dá a mais profunda satisfação, meu pai, estar diante de você e dizer que, graças à sua sabedoria, pude me tornar rico e respeitado pelos homens".

O pai colocou sua mão amorosamente sobre a cabeça de Nomasir. -Você aprendeu bem suas lições e eu sou realmente afortunado por ter um filho a quem posso confiar minha riqueza.

Kalabab interrompeu sua história e olhou criticamente para seus ouvintes.

-O que esta história de Nomasir significa para vocês? Qual de vocês pode ir ao seu pai ou ao pai de sua esposa e dar conta da gestão sábia de seus ganhos?

"O que pensariam estes veneráveis homens se vocês dissessem: viajei muito, aprendi muito, trabalhei muito, ganhei muito, mas, infelizmente, de ouro, tenho pouco? Certa quantidade eu gastei sabiamente, outras eu gastei tolamente, e muitas eu perdi insensatamente".

"Vocês ainda acham que é apenas uma inconsistência do destino que alguns homens tenham muito ouro e outros não tenham nenhum? Então vocês estão errados".

"Os homens têm muito ouro quando conhecem as cinco leis do ouro e as guardam".

"Porque aprendi estas cinco leis em minha juventude e as obedeci, tornei-me um comerciante rico. Não é por alguma magia estranha que eu acumulei minha riqueza".

"A riqueza que vem rapidamente se vai da mesma forma".

"A riqueza que resta para dar prazer e satisfação a seu proprietário vem gradualmente, pois é uma criança nascida do conhecimento e do propósito persistente".

"Ganhar riqueza é apenas um fardo leve para o homem atencioso. Suportar o fardo de ano para ano atinge o objetivo final".

"As cinco leis do ouro lhe oferecem uma rica recompensa por sua observância. Cada uma destas cinco leis é rica em significado, e, para que você não a ignore na brevidade de minha narrativa, vou repeti-las agora. Eu as conheço de cor porque na minha juventude eu pude ver seu valor, e não me contentaria até lembrá-las palavra por palavra".

A primeira lei do ouro

O ouro vem com prazer e em quantidade crescente para qualquer homem que coloca nada menos que um décimo de seus ganhos na construção de riqueza para o seu futuro e o de sua família.

Qualquer homem que economizar um décimo de seus ganhos de forma consistente e investi-los sabiamente, certamente construirá um patrimônio valioso que lhe proporcionará renda no futuro e também garantirá a segurança de sua família caso os Deuses o chamem para o submundo.

Esta lei sempre diz que o ouro vem de bom grado para um homem assim. Posso certificar isto em minha própria vida. Quanto mais ouro eu acumulo, mais prontamente ele vem a mim e em maior quantidade. O ouro que poupo ganha mais, assim como o seu, e seus ganhos são maiores, e esta é a aplicação da primeira lei.

A segunda lei do ouro

O ouro trabalha com diligência e satisfação para o sábio proprietário que encontra um uso lucrativo para ele, multiplicando-se como os rebanhos do campo.

O ouro, de fato, é um trabalhador disposto a isso. Ele está sempre pronto para multiplicar-se quando a oportunidade se apresenta. Para todo homem que tem um estoque de ouro, a oportunidade vem de utilizá-lo da maneira mais lucrativa. Com o passar dos anos, ele se multiplica de uma maneira surpreendente.

A terceira lei do ouro

O ouro se agarra à proteção do proprietário prudente que o investe sob o conselho de homens sábios em sua gestão.

O ouro, de fato, agarra-se ao proprietário cauteloso, assim como foge do proprietário descuidado. O homem que busca o conselho de sábios no manuseio do ouro logo aprende a não pôr em perigo seu tesouro, mas a preservá-lo em segurança, e a desfrutar com satisfação de seu constante aumento.

A quarta lei do ouro

O ouro escapa ao homem que o investe para negócios ou fins com os quais ele não está familiarizado ou que não são aprovados pelos especialistas em sua custódia.

Para o homem que tem ouro, mas não é especialista em seu manuseio, há muitos usos que parecem muito lucrativos. No entanto, eles são, com muita frequência, repletos de perigo de perda e, se analisados adequadamente por homens sábios, mostram poucas possibilidades de lucro. Portanto, o inexperiente proprietário de ouro que confia em seu próprio julgamento e o investe em negócios ou fins com os quais não está familiarizado, muitas vezes possui um julgamento imperfeito e paga com seu tesouro por sua inexperiência. Sábio, de fato, é aquele que investe seu tesouro sob o conselho de homens especialistas nos caminhos do ouro.

A quinta lei do ouro

O ouro foge do homem que quer forçá-lo a ganhos impossíveis ou que segue os conselhos sedutores de trapaceiros e vigaristas ou que o confia a sua própria inexperiência e desejos românticos de investimento.

O novo dono de ouro é sempre apresentado com propostas fantasiosas que são tão excitantes quanto histórias de aventura. Estas parecem dotar seu tesouro de poderes mágicos que lhe permitirão obter lucros impossíveis. Entretanto, preste atenção aos sábios, pois eles realmente conhecem os riscos que estão por trás de cada esquema para fazer riqueza repentina e grande.

Não se esqueça dos homens ricos de Nínive, que não arriscam perder seu capital ou amarrá-lo em investimentos não rentáveis.

-Aqui termina minha história das cinco leis d ouro. Ao contá-la, eu lhes contei os segredos do meu próprio sucesso.

"Entretanto, estes não são segredos, mas verdades que devem ser aprendidas primeiro e depois seguidas por todo homem que deseja sair da multidão que, como vocês cães selvagens, deve se preocupar todos os dias com a comida".

"Amanhã, vamos entrar na Babilônia; vejam! Vejam o fogo que arde eternamente sobre o Templo de Bel! Já estamos à vista da cidade dourada. Amanhã, cada um de vocês terá ouro, o ouro que ganharam tão bem por seus fiéis serviços".

"Dez anos depois desta noite, o que vocês podem dizer sobre seu ouro"?

"Se há homens entre vocês, que, como Nomasir, usam uma parte de seu ouro para iniciar uma propriedade para si mesmos e desde então são sabiamente guiados pela sabedoria de Arkad, dentro de dez anos, é uma aposta certa, como o filho de Arkad, eles serão ricos e respeitados entre os homens".

"Nossos atos sábios nos seguem através da vida para nos agradar e nos ajudar. Com a mesma certeza, nossos atos insensatos nos seguem para nos atormentar. Infelizmente, eles não podem ser esquecidos. Na vanguarda dos tormentos que nos seguem estão as lembranças das coisas que deveríamos ter feito, das oportunidades que nos surgiram e das quais não aproveitamos".

"Ricos são os tesouros da Babilônia, tão ricos que ninguém pode contar seu valor em peças de ouro. A cada ano eles se tornam mais ricos e mais valiosos. Como os tesouros de cada terra, eles são uma recompensa, uma rica recompensa à espera de homens de propósito que estão determinados a garantir sua parte justa".

"Na força de seus próprios desejos há um poder mágico. Guiem este poder com seu conhecimento das cinco leis do ouro e vocês compartilharão os tesouros da Babilônia."

O financiador da Babilônia

Cinquenta moedas de ouro! Nunca antes Rodan, o fabricante de lanças da velha Babilônia, havia carregado tanto ouro em sua mochila de couro. Ele cavalgou alegremente pela estrada do rei desde o palácio de sua majestade mais liberal. O ouro tilintou alegremente enquanto o saco em seu cinto balançava a cada passo, a música mais doce que ele já tinha ouvido.

Cinquenta peças de ouro, todas dele! Que poder há nesses discos cintilantes! Ele poderia comprar o que quisesse, uma casa grande, terras, gado, camelos, cavalos, carruagens, tudo o que pudesse desejar.

Com o que ele deveria gastar? Esta tarde, ao descer uma rua lateral em direção à casa de sua irmã, ele não pôde pensar em nada que preferisse possuir do que aquelas mesmas peças pesadas e brilhantes de ouro.

Uma noite, alguns dias depois, um perplexo Rodan entrou na loja de Mathon, o financiador e comerciante de joias e tecidos exóticos.

Sem olhar à direita ou à esquerda para os itens coloridos em exposição, ele passou para a sala de estar ao fundo. Lá ele encontrou o gentil Mathon descansando em um tapete e saboreando uma refeição servida por um escravo.

-Gostaria de pedir conselhos, pois não sei o que fazer.

Rodan ficou alto, com os pés afastados, peito peludo exposto através da frente aberta de sua jaqueta de couro. O rosto estreito e mal humorado de Mathon sorriu em uma saudação amigável.

-Que indiscrições você cometeu ao procurar o financiador? Teve azar na mesa de jogo? Ou foi enredado por alguma senhora?

Eu o conheço há muitos anos, mas você nunca me procurou para ajudá-lo em seus problemas.

-Não, não é isso. Eu não procuro ouro. Em vez disso, anseio por seu sábio conselho.

-Ei! Escute! O que este homem diz. Ninguém vem pedir conselho ao financiador. Meus ouvidos devem pregar-me uma peça!

-Digo a verdade.

-Pode isso? Rodan, o lanceiro, é mais astuto que todos os outros, pois vem à Mathon, não por ouro, mas por conselhos. Muitos homens vêm até mim em busca de ouro para pagar por suas loucuras, mas, quanto ao conselho, eles não o querem. No entanto, quem é mais capaz de dar conselhos do que o financiador de ouro a quem muitos homens em dificuldades vêm?

-Você comerá comigo, Rodan", continuou ele, "você será meu convidado para a noite. Andol", ordenou ao escravo, "prepare um banquete para meu amigo Rodan, o lanceiro, que vem em busca de conselho. Ele será meu convidado de honra. Traga-lhe bastante comida e traga-lhe meu maior copo".

-Escolha o melhor vinho para que ele possa ter satisfação em bebê-lo. Agora, diga-me o que o preocupa.

-É um presente do rei.

-O presente do rei? O rei lhe deu um presente e lhe deu problemas? Que tipo de presente?

-Como ele estava muito satisfeito com o projeto que apresentei para uma nova ponta nas lanças da guarda real, ele me deu cinquenta peças de ouro, e agora estou muito confuso.

-Toda hora que o sol atravessa o céu, aqueles que querem que eu o compartilhe comigo alegam comigo.

-Isso é natural. Mais homens desejam ouro do que o possuem, e desejariam que aquele que o recebe facilmente o dividisse com eles. Mas você não pode dizer "não"? Sua vontade não é tão forte quanto seu punho?

-A muitos eu posso dizer não, mas às vezes seria mais fácil dizer sim. Pode-se recusar a compartilhar com a irmã por quem se tem grande afeição?

-Sem dúvida, sua própria irmã não vai querer privá-lo de sua recompensa por seu trabalho árduo.

-Mas é para o bem de Araman, seu marido, que ela deseja ver como um rico comerciante. Ela sente que ele nunca teve uma chance e implora que eu lhe empreste este ouro para que ele possa se tornar um comerciante próspero e devolvê-lo a mim com seus lucros.

-Meu amigo", continuou Mathon, "é um assunto digno que você traz para mim. O ouro traz para sua responsabilidade de possuidor e uma mudança de posição em relação aos seus semelhantes. Traz o medo de perdê-lo ou de tê-lo levado por truques".

"Traz uma sensação de poder e capacidade de fazer o bem. Também traz oportunidades em que suas muito boas intenções podem lhe trazer dificuldades".

"Você ouviu falar do fazendeiro de Nínive que conseguia entender a linguagem dos animais? Eu suponho que não, porque não é o tipo de história que os homens gostam de contar na forja do fundidor de bronze. Eu lhe direi, pois você deve saber que há mais para emprestar e tomar emprestado do que a passagem de ouro das mãos de um para as mãos de outro".

"Este fazendeiro, que entendia o que os animais diziam um ao outro, ficava todas as noites no pátio da fazenda para ouvir o que eles diziam. Uma noite ele ouviu o boi reclamando para o burro sobre a dureza de seu lote: "Trabalho puxando o arado de manhã à noite. Não importa o calor do dia, não importa o cansaço das minhas pernas, não importa como o laço aperta meu pescoço, eu ainda tenho que trabalhar. Mas você é uma criatura de lazer. Você está preso em um cobertor colorido e não faz nada além de levar nosso mestre aonde ele quiser ir. Quando ele não vai a lugar nenhum, descansa e come grama verde o dia inteiro".

"Agora o burro, apesar de seus calcanhares ferozes, era um cara legal e simpatizante com o boi".

-Meu bom amigo", respondeu ele, "você trabalha muito e eu gostaria de ajudá-lo a aliviar seu fardo. Portanto, eu lhe direi como você pode ter um dia de descanso. Pela manhã, quando o escravo vier para levá-lo ao arado, deite-se no chão e grite alto para que ele diga que você está doente e não pode trabalhar".

-Então o boi seguiu o conselho do burro, e na manhã seguinte o escravo voltou ao fazendeiro e lhe disse que o boi estava doente e não podia puxar a charrua.

-Então", disse o fazendeiro, "atrele o burro à charrua, porque temos que continuar a lavrar".

-Aquele dia todo o burro, que tinha apenas a intenção de ajudar seu amigo, foi obrigado a fazer o trabalho do boi. Quando chegou a noite e ele foi liberado do arado, seu coração estava amargo e suas pernas cansadas e seu pescoço dolorido onde o arco o havia raspado.

"O fazendeiro ficou no pátio da fazenda para ouvir".

-O boi falou primeiro. "Você é meu bom amigo. Graças a seu sábio conselho, desfrutei de um dia de descanso".

-E eu", respondeu o burro, "sou como muitos homens de coração simples que começam a ajudar um amigo e terminam fazendo seu trabalho por ele. De agora em diante, você mesmo cuidará de seu próprio arado, pois ouvi o mestre dizer ao escravo para mandar chamar o açougueiro se você estiver doente novamente. Quem me dera que ele o fizesse, pois você é um preguiçoso".

-Desse momento em diante eles nunca mais se falaram, o que acabou com sua amizade. Você pode contar a moral desta história, Rodan?

-É uma boa história", respondeu Rodan, "mas eu não vejo a moral".

-Não pensei que você saberia. Mas está lá e é simples. É: "Se você deseja ajudar seu amigo, faça-o de forma a não trazer os fardos de seu amigo para si mesmo".

-Não tinha pensado nisso. É uma moral sábia. Não quero assumir o fardo do marido da minha irmã. Mas me diga. Você empresta a muitos. Os mutuários não reembolsam?

Mathon sorriu com o sorriso de uma alma rica em experiência.

-Um empréstimo pode ser bem feito se o mutuário não puder reembolsá-lo? Não deveria o mutuante ser sábio e julgar cuidadosamente se seu ouro pode servir um propósito útil para o mutuário e retornar para ele; ou se será desperdiçado por alguém incapaz de usá-lo sabiamente e deixá-lo sem seu tesouro, e deixar o mutuário com uma dívida que ele não pode pagar? Mostrarei as fichas no meu baú e deixarei que elas lhe contem algumas de suas histórias.

-Ele trouxe para a sala um baú tão longo quanto seu braço, coberto de pele de porco vermelha e adornado com padrões de bronze. Ele o colocou no chão e agachou-se diante dele, com as duas mãos na tampa.

-De cada pessoa a quem empresto, exijo uma fichapara meu baú de fichas, que permanecerá lá até que o empréstimo seja reembolsado. Quando eles o devolvem, eu a devolvo a eles, mas se eles nunca a pagam, isso sempre me fará lembrar de alguém que não foi fiel à minha confiança.

"Os empréstimos mais seguros, minha caixa de fichas me diz, são para aqueles cujos bens valem mais do que eles querem. Eles possuem terras, ou joias, ou camelos, ou outras coisas que poderiam ser vendidas para pagar o empréstimo. Algumas das fichas que me foram dadas são joias de maior valor do que o empréstimo. Outras são promessas de que se o empréstimo não for reembolsado como acordado, ser-me-á dada uma certa liquidação dos ativos. Neste tipo de empréstimo, tenho certeza de que o ouro me será devolvido com o aluguel correspondente, uma vez que o empréstimo é baseado na propriedade".

"Em outra classe estão aqueles que têm a capacidade de ganhar. Eles são aqueles que, como você, trabalham ou servem e são pagos. Eles têm renda e se forem honestos e não sofrerem nenhuma desgraça, sei que também podem pagar o ouro que lhes empresto e a renda a que tenho direito. Estes empréstimos são baseados no esforço humano".

"Outros são aqueles que não têm nem propriedade nem capacidade de ganho assegurada. A vida é difícil e sempre haverá alguns que não se adaptarão a ela. Infelizmente, os empréstimos que faço a eles, mesmo que não sejam maiores do que um centavo, minha caixa de fichas pode me censurar nos próximos anos, a menos que sejam garantidos por bons amigos do mutuário que o conhecem honradamente".

Mathon soltou o fecho e abriu a tampa. Rodan se inclinou para frente impacientemente. Na parte superior do baú havia um colar de bronze sobre um pano escarlate. Mathon pegou a peça e a acariciou com carinho.

-Isso sempre permanecerá em meu baú de fichas porque seu dono passou para a grande obscuridade. Eu aprecio seu símbolo e sua memória, pois ele era meu bom amigo. Nós negociamos juntos com muito sucesso até que do Oriente ele trouxe uma mulher para se casar, linda, mas não como nossas mulheres. Uma criatura deslumbrante. Ele gastou seu ouro luxuosamente para satisfazer os desejos dela.

"Ele veio até mim em apuros quando seu ouro desapareceu. Eu o aconselhei. Eu lhe disse que o ajudaria a dominar novamente seus próprios assuntos. Ele jurou, pelo sinal do Grande Touro, que o faria. Mas ele não o fez. Em uma briga, sua esposa enfiou uma faca em seu coração".

-E quanto a ela?

-Sim, é claro, isto era dela. -Ele pegou o pano escarlate. "Com remorso amargo, ela se jogou no Eufrates. Estes dois empréstimos nunca serão reembolsados. O baú diz a você, Rodan, que os humanos em meio a grandes emoções não são riscos seguros para o financiador de ouro.

"Aqui! Este é diferente. -Ele pegou um anel esculpido em osso de boi. Isto pertence a um agricultor. Eu compro os tapetes de suas mulheres. Os gafanhotos vieram e eles ficaram sem comida. Eu o ajudei e quando chegou a nova colheita, ele me pagou. Mais tarde ele veio novamente e me falou de algumas cabras de uma terra distante, descritas por um viajante. Elas tinham pelos longos, tão finos e macios, que podiam tecer tapetes mais bonitos do que qualquer outro visto na Babilônia. Ele queria um rebanho, mas não tinha dinheiro. Então eu lhe emprestei ouro para fazer a viagem e trazer cabras. Agora seu rebanho começou e no próximo ano ele vai surpreender os senhores da Babilônia com os tapetes mais caros que eles já tiveram a sorte de comprar. Logo devo devolver seu anel".

"Ele insiste em me pagar rapidamente".

"Alguns mutuários fazem isso"?, perguntou Rodan.

"Se eles pedem emprestado com o propósito de receberem dinheiro de volta, parece-me que é assim. Mas se eles pedirem emprestado por suas indiscrições, eu o aviso para ser cauteloso se você quiser ter seu ouro de volta em suas mãos".

"Fale-me sobre isso", disse Rodan, pegando uma pulseira pesada de ouro com joias de design estranho.

-As mulheres atraem meu bom amigo", brincou Mathon.

"Ainda sou muito mais jovem do que você", respondeu Rodan.

-Eu admito, mas desta vez você suspeita de romance onde não há nenhum. A senhoria aqui é gorda e enrugada e fala tanto e diz tão pouco que me deixa louco. Eles costumavam ter muito dinheiro e eram bons clientes, mas os maus momentos chegaram até eles. Ela tem um filho que ela quer transformar em comerciante. Então ele veio até mim e emprestou ouro para torná-lo sócio de um dono de caravana que viaja com seus camelos, vendendo em uma cidade o que ele compra em outra.

"Este homem provou ser um malandro, pois deixou o pobre rapaz em uma cidade distante sem dinheiro e sem amigos, aposentando-se cedo enquanto o jovem dormia. Talvez quando este jovem tiver crescido até se tornar homem, ele o pague de volta; até lá não recebo nenhuma renda pelo empréstimo, apenas muita conversa. Mas eu admito que as joias valem o empréstimo".

-Ela lhe pediu conselhos sobre a sabedoria do empréstimo?

- Pelo contrário. Ela havia imaginado este seu filho como um homem rico e poderoso da Babilônia. Sugerir o contrário iria enfurecê-la. Uma justa repreenda que eu tive. Eu sabia o risco que este inexperiente rapaz estava correndo, mas como ela oferecia segurança, eu não podia recusar.

-Este", continuou Mathon, apontando a um pedaço de corda de carga amarrada em um nó, "pertence a Nebatur, o comerciante de camelos. Quando ele quer comprar um rebanho maior que seus fundos, ele me traz este nó e eu o empresto de acordo com suas necessidades. Ele é um comerciante sábio. Confio em seu julgamento e posso emprestar-lhe livremente. Muitos outros comerciantes na Babilônia têm minha confiança por causa de seu comportamento honrado".

"Suas fichas entram e saem frequentemente de minha caixa de fichas. Os bons comerciantes são um trunfo para nossa cidade e eu me beneficio de ajudá-los a manter o comércio próspero".

Mathon pegou um escaravelho esculpido em turquesa e atirou-o desprezivelmente ao chão. -Um inseto do Egito. O rapaz que é dono não se importa se eu alguma vez receberei meu ouro de volta. Quando eu o censuro, ele responde: "Como posso devolvê-lo se o destino maligno me segue? Você tem muito mais do que eu. O que eu posso fazer"? A ficha pertence a seu pai, um homem digno de poucos meios que penhorou sua terra e seu rebanho para sustentar os negócios de seu filho. O jovem teve sucesso no início e depois ficou entusiasmado com a ideia de grande riqueza.

"O conhecimento deles era imaturo. O negócio deles entrou em colapso. A juventude é ambiciosa. Os jovens querem tomar atalhos para a riqueza e para as coisas desejáveis que ela representa. Para garantir riqueza rapidamente, os jovens muitas vezes tomam emprestado imprudentemente".

"A juventude, que nunca teve experiência, não pode perceber que a dívida sem esperança é como um poço profundo no qual se pode descer rapidamente e onde se pode lutar em vão por um longo tempo. É um poço de tristezas e arrependimentos onde o brilho do sol é turvado e a noite se torna infeliz com um sono inquieto".

"No entanto, não desencorajo o empréstimo de ouro. Eu o incentivo. Recomendo-o se for para um propósito sábio. Eu mesmo alcancei meu primeiro verdadeiro sucesso como comerciante com ouro emprestado. No entanto, o que o credor deve fazer em tal caso? O jovem desespera e não recebe nada. Ele fica desanimado. Ele não faz nenhum esforço para pagar. Meu coração se revolta contra privar o pai de sua terra e de seu gado".

-Você me diz muitas coisas que estou interessado em ouvir", aventurou-se Rodan, "mas não ouço resposta à minha pergunta. Devo emprestar minhas cinquenta peças de ouro ao marido de minha irmã? Eles significam muito para mim".

-Sua irmã é uma excelente mulher que eu estimo muito. Se seu marido viesse me pedir emprestado cinquenta moedas de ouro, eu lhe perguntaria para que ele as usaria.

-Se ele respondesse que desejava ser um comerciante como eu e comerciar joias e móveis ricos, eu diria: "Que conhecimentos você tem sobre os caminhos do comércio"? Você sabe onde pode comprar ao menor custo? Você sabe onde pode vender a um preço justo"?

-Não, eu não poderia", admitiu Rodan. "Ele me ajudou muito na fabricação de lanças e ajudou um pouco nas lojas".

-Então eu lhe diria que seu propósito é insensato. Os comerciantes devem aprender seu ofício. Sua ambição, embora digna, não é prática, e eu não lhe emprestaria ouro.

-Mas supondo que ele pudesse dizer: "Sim, eu ajudei muito os comerciantes. Eu sei como viajar para Esmirna e comprar a baixo custo os tapetes tecidos pelas donas de casa. Também conheço muitos dos homens ricos da Babilônia aos quais posso vendê-los com um grande lucro". Então eu lhe diria: "Seu propósito é sábio e sua ambição honrosa. Terei prazer em emprestar-lhe as cinquenta moedas de ouro, se me der a garantia de que as devolverá a mim". Mas ele diria: "Não tenho outra garantia senão que sou um homem honesto e reembolsarei o empréstimo". Então eu responderia: "Eu guardo muito bem cada pedaço de ouro. Se os ladrões o tirassem de você enquanto viaja para Esmirna ou levassem seus tapetes no seu retorno, então você não teria como me pagar e meu ouro teria desaparecido".

"O ouro, você vê, Rodan, é a mercadoria do financiador. É fácil de emprestar. Se for emprestado de forma insensata, é difícil voltar. O financiador sábio não quer o risco, mas sim a garantia de um reembolso seguro. É bom ajudar aqueles que estão com problemas, é bom ajudar aqueles sobre os quais o destino colocou uma mão pesada. É bom ajudar aqueles que estão começando para que possam progredir e se tornarem cidadãos valiosos. Mas a ajuda deve ser dada com sabedoria, para que, como o burro do fazendeiro, em nosso desejo de ajudar, não façamos mais do que assumir o fardo que pertence a outro".

"Novamente me desviei de sua pergunta, Rodan, mas ouça minha resposta: Guarde suas cinquenta moedas de ouro. O que quer que você ganhe com seu trabalho e o que quer que lhe seja dado como recompensa é seu e ninguém pode forçá-lo a se separar dele, a menos que seja seu desejo. Se você quiser emprestá-lo para ganhar mais ouro, então empreste-o cautelosamente e em muitos lugares. Não gosto de ouro ocioso, muito menos de risco excessivo".

"Quantos anos você trabalhou como lanceiro"?

-Três no total.

-Quanto além do presente do Rei você economizou?

-Três peças de ouro.

-Você negou a si mesmo todos os anos coisas boas que você trabalhou para economizar de seus ganhos um pedaço de ouro?

-É isso mesmo.

-Então, em cinquenta anos de trabalho, você poderia economizar cinquenta peças de ouro por conta própria?

-Uma vida inteira de trabalho seria.

- Você acha que sua irmã vai querer pôr em risco a economia de cinquenta anos de trabalho no cadinho de bronze para que seu marido possa experimentar ser um comerciante?

-Não se eu disser suas palavras.

-Então vá até ela e diga: "Três anos eu tenho trabalhado todos os dias, exceto nos dias de jejum, da manhã à noite, e tenho negado a mim mesmo muitas coisas que meu coração ansiava. Para cada ano de labuta e auto-negação, guardei uma peça de ouro. Você é minha irmã favorita e desejo que seu marido se dedique a negócios nos quais ele prosperará muito. Se você me apresentar um plano que pareça sábio e possível ao meu amigo Mathon, então eu lhe emprestarei com prazer minhas economias de um ano inteiro para lhe dar uma chance de provar que ele pode ter sucesso". Faça-o, digo eu, e se ele tiver dentro de si a alma para ter sucesso, ele pode prová-lo. Se ele falhar, ele não lhe ficará devendo mais do que jamais poderá esperar pagar.

"Sou um financiador de ouro porque possuo mais ouro do que posso usar em meu próprio negócio. Desejo emprestar meu ouro excedente para trabalhar para que outros ganhem mais ouro. Não quero correr o risco de perder meu ouro, pois trabalhei muito e neguei a mim mesmo muito para consegui-lo. Portanto, não emprestarei mais nada onde não tenho certeza de que seja seguro e será devolvido a mim. Tampouco o emprestarei onde não estou convencido de que seus lucros serão pagos prontamente".

"Eu lhe contei, Rodan, alguns dos segredos do meu baú de fichas. Deles você pode compreender a fraqueza dos homens, e sua ânsia de pedir emprestado o que eles não têm meios seguros de pagar. A partir disto você pode ver quantas vezes suas grandes esperanças dos grandes lucros que poderiam obter, se tivessem ouro, são apenas falsas esperanças que não têm a capacidade ou o treinamento para realizar".

"Você, Rodan, agora tem ouro que deve usar para ganhar mais ouro para si mesmo. Você está prestes a se tornar, como eu, um financiador de ouro. Se você mantiver seu tesouro em segurança, ele lhe dará lucros generosos e será uma rica fonte de prazer e lucro durante todos os seus dias. Mas se você o deixar escapar, será uma fonte de dor e arrependimento constante enquanto sua memória durar".

"O que você deseja mais deste ouro em sua carteira?

-Mantê-lo em segurança.

-Dito sabiamente", respondeu Mathon com aprovação. "Seu primeiro desejo é de segurança; você acha que sob a custódia do marido de sua irmã ele estaria realmente a salvo da perda"?

-Não, pois ele não é sábio na custódia do ouro.

-Não se deixe levar por sentimentos tolos de obrigação de confiar seu tesouro a ninguém. Se você quiser ajudar sua família ou seus amigos, encontre outros meios que não arriscar a perda de seu tesouro. Não esqueça que o ouro escorrega inesperadamente para longe daqueles que não sabem como guardá-lo. Você pode também desperdiçar seu tesouro em extravagâncias como deixar que outros o percam para você.

"O que você quer a seguir depois da segurança deste seu tesouro"?

-Deixar que ele ganhe mais ouro.

-Novamente você fale com sensatez. Ele deve ser feito para ganhar e crescer. O ouro emprestado sabiamente pode até dobrar com seus ganhos diante de um homem à medida que ele envelhece. Se você corre o risco de perdê-lo, você corre o risco de perder também tudo o que ele ganharia.

"Portanto, não se deixe levar pelos esquemas fantásticos de homens impraticáveis que pensam ver uma maneira de forçar seu ouro a obter lucros excepcionalmente grandes. Tais esquemas são as criações de sonhadores inexperientes nas leis seguras e confiáveis do comércio. Seja conservador no que você espera ganhar a fim de manter e desfrutar de seu tesouro. Emprestá-lo com a promessa de retornos dos usuários é convidar à perda".

"Procure associar-se com homens e empreendimentos cujo sucesso esteja bem estabelecido, de modo que seu tesouro possa ganhar muito bem sob seu uso hábil, e seja guardado com segurança por sua sabedoria e experiência".

"Assim você evitará as desgraças que assombram a maioria dos filhos dos homens a quem os Deuses acham por bem confiar o ouro".

Quando Rodan quis agradecer-lhe por seus conselhos sábios, ele não quis ouvir, dizendo:

-O presente do rei lhe ensinará muita sabedoria. Se você quiser manter suas cinquenta peças de ouro, deve ser muito discreto.

"Muitos usos o tentarão. Muitas dicas serão dadas a você. Serão oferecidas inúmeras oportunidades para grandes lucros. As histórias em meu baú de fichas devem adverti-lo, antes de deixar qualquer peça de ouro sair de sua bolsa, para ter certeza de que você tem uma maneira segura de recuperá-la. Se meu conselho lhe agradar, volte novamente. Tenho o prazer de lhe dar isso".

"Antes de ir, leia isto que eu esculpi sob a tampa do meu baú de fichas. Aplica-se igualmente ao mutuário e ao credor":

MELHOR UM POUCO DE CAUTELA DO QUE MUITO ARREPENDIMENTO

As muralhas da Babilônia

O velho Banzar, um guerreiro cruel de outra época, ficou de guarda no corredor que levava ao topo das antigas muralhas da Babilônia. Acima, bravos defensores lutavam para manter os muros. Deles dependia a existência futura desta grande cidade com suas centenas de milhares de cidadãos.

Acima das paredes vieram os rugidos dos exércitos atacantes, os gritos de muitos homens, o atropelamento de milhares de cavalos, a ensurdecedora explosão de aríetes a bater nos portões de bronze.

Na rua atrás do portão, estavam os lanceiros, esperando para defender a entrada se os portões cedessem. Eles eram muito poucos para a tarefa. Os principais exércitos da Babilônia estavam com seu rei, bem longe no leste, na grande expedição contra os Elamitas. Como nenhum ataque à cidade foi planejado durante sua ausência, as forças de defesa eram pequenas.

Inesperadamente, do norte, os poderosos exércitos dos assírios caíram. E agora as paredes deviam ficar de pé ou a Babilônia estava condenada.

Ao redor de Banzar havia grandes multidões de cidadãos, de cara branca e aterrorizados, procurando ansiosamente notícias sobre a batalha. Com medo silencioso, eles observavam o fluxo de feridos e mortos sendo transportados ou conduzidos para fora do corredor.

Este foi o ponto crucial do ataque. Depois de três dias rodeando a cidade, o inimigo havia de repente jogado sua grande força contra esta seção e este portão.

Os defensores no topo do muro lutavam contra as plataformas de escalada e escadas dos atacantes com flechas, óleo quente e, se algum conseguisse chegar ao topo, lanças. Contra os defensores, milhares de arqueiros inimigos lançavam uma salva de flechas mortíferas.

O velho Banzar tinha um ponto de vantagem para as notícias. Ele era o mais próximo do conflito e foi o primeiro a saber de cada nova repulsão dos atacantes frenéticos.

Um comerciante idoso se aproximou dele, com suas mãos paralisadas tremendo. -Diz-me! -ele pediu. "Diga-me que eles não podem entrar. Meus filhos estão com o bom rei. Não há ninguém para proteger minha antiga esposa".

-Meus bens, eles os roubarão a todos. Minha comida, eles não vão deixar nada. Somos velhos, velhos demais para nos defendermos, velhos demais para sermos escravos. Vamos morrer de fome. Nós vamos morrer. Diga-me que eles não podem entrar.

-Acalme-se, bom comerciante", respondeu o guarda. "As muralhas da Babilônia são fortes. Volte para o bazar e diga à sua esposa que as muralhas os protegerão e a todos os seus bens tão seguramente quanto protegem os tesouros ricos do rei. Fique perto das paredes, para que as flechas que voam por cima não o machuquem".

Uma mulher com um bebê nos braços tomou o lugar do velho quando ele partiu. -Quais as novidades da cúpula? Diga-me verdadeiramente para que eu possa tranquilizar meu pobre marido. Ele está com febre de suas terríveis feridas, mas insiste em vestir sua armadura e lança para me proteger, que estou com a criança. Ele diz que a luxúria vingativa de nossos inimigos será terrível se eles invadirem a casa.

- Seja de bom coração, mãe que é e será novamente, as muralhas da Babilônia protegerão você e seus bebês. Elas são altas e fortes; você não ouve os gritos de nossos bravos defensores enquanto eles esvaziam os caldeirões de óleo queimado sobre os escaladores?

-Sim, eu ouço isso, e também o rugido dos aríetes martelando em nossos portões.

-Volte para seu marido. Diga-lhe que os portões são fortes e resistem aos aríetes. Também que os escaladores subam as paredes mas recebam o empurrão da lança que os espera. Observe, à sua maneira, e apresse-se para encontrar um lugar seguro.

Banzar se afastou para abrir o caminho para os reforços fortemente armados. Conforme, com o tilintar de seus escudos de bronze e sua pesada armadura, eles passaram por ele, uma garotinha puxou a faixa dele.

-Diz-me por favor, soldado, estamos a salvo", ela suplicou. "Eu ouço os ruídos horríveis. Eu vejo os homens sangrando. Estou muito assustada. O que será de nossa família, de minha mãe, de meu irmãozinho e do bebê"?

O velho lutador pestanejou e apontou seu queixo para frente enquanto olhava para a garota.

-As muralhas da Babilônia irão proteger você, sua mãe, seu irmãozinho e seu bebê. Foi para a segurança de tais que a boa rainha Semiramis as construiu há mais de cem anos. Elas nunca foram violadas. Volte e diga à sua mãe, seu irmãozinho e o bebê que as muralhas da Babilônia os protegerão e eles não precisam temer.

Dia após dia, o velho Banzar ficava em seu posto e observava como os reforços subiam pelo corredor, para ficar e lutar até que, feridos ou mortos, eles voltassem a descer. Ao seu redor, as multidões de cidadãos assustados pressionavam incessantemente, procurando ansiosamente saber se as muralhas aguentariam.

A todos ele respondeu com a fina dignidade de um velho soldado: "As muralhas da Babilônia o protegerão".

Durante três semanas e cinco dias, o ataque foi violento, com uma violência que mal cessou. A mandíbula de Banzar endureceu enquanto a passagem traseira, molhada com o sangue dos muitos feridos, foi transformada em lama pelos incessantes fluxos de homens cambaleando para cima e para baixo. A cada dia, os atacantes abatidos se amontoavam diante da parede. Todas as noites eles eram levados de volta e enterrados por seus camaradas. Na quinta noite da quarta semana, o clamor não diminuiu. Os primeiros raios de luz do dia, iluminando as planícies, revelaram grandes nuvens de poeira levantadas pelos exércitos em retirada.

Os defensores soltaram um poderoso grito. Não havia dúvida de seu significado. Foi ecoado pelas tropas que esperavam atrás dos muros. Os cidadãos fizeram eco nas ruas. Ele varreu a cidade com a violência de uma tempestade.

As pessoas saíram correndo das casas. As ruas estavam repletas de uma multidão pulsante. O medo reprimido durante semanas encontrou uma saída no coral selvagem da alegria. Do topo da torre alta do Templo de Bel, as chamas da vitória irromperam. A coluna de fumaça azul flutuou em direção ao céu para levar a mensagem para longe.

As muralhas da Babilônia haviam mais uma vez repelido um poderoso inimigo determinado a saquear seus ricos tesouros e a violar e escravizar seus cidadãos. A Babilônia resistiu século após século porque estava totalmente protegida.

As paredes da Babilônia foram um excelente exemplo da necessidade e do desejo de proteção do homem.

Este desejo é inerente à raça humana. É tão forte hoje como sempre, mas desenvolvemos planos maiores e melhores para alcançar o mesmo objetivo.

Hoje, atrás das muralhas inexpugnáveis de seguros, contas de poupança e investimentos confiáveis, podemos nos proteger das tragédias inesperadas que podem entrar por qualquer porta e adentrar qualquer lar.

NÃO PODEMOS NOS DAR AO LUXO DE CARECER DE PROTEÇÃO ADEQUADA.

O comerciante de camelos da Babilônia

Quanto mais faminto você está, mais clara fica sua mente, e também mais sensível você se torna aos cheiros dos alimentos.

Tarkad, o filho de Azure, certamente pensava assim. Durante dois dias inteiros ele não havia provado nenhum alimento, exceto dois figos pequenos roubados sobre um muro de jardim. Ele não conseguiu pegar outro antes que a furiosa mulher se precipitasse e o perseguisse pela rua. Seus gritos estridentes ainda ecoavam em seus ouvidos enquanto ele caminhava pela praça do mercado. Eles o ajudaram a conter seus dedos inquietos de tirar as frutas tentadoras das cestas das mulheres do mercado.

Ele nunca havia percebido quanta comida era trazida para os mercados da Babilônia e como cheirava bem. Ao sair do mercado, ele seguiu para a pousada e andou para frente e para trás na frente de sua porta. Ele ansiava conhecer alguém que conhecia; alguém a quem pudesse pedir emprestado um cobre que lhe rendesse um sorriso do guarda hostil da estalagem e, com ele, uma generosa ração. Sem o cobre, ele sabia que não seria bem-vindo.

Em sua abstração, ele veio inesperadamente cara a cara com o homem que ele mais desejava evitar, a figura alta e ossuda de Dabasir, o comerciante de camelos. De todos os amigos e outros a quem ele havia emprestado pequenas somas, Dabasir foi o que mais o aborreceu por não cumprir suas promessas de pronto pagamento.

O rosto de Dabasir se iluminava à vista. -Ha! É Tarkad, exatamente aquele que eu estava procurando para me devolver as duas peças de cobre que lhe emprestei há uma lua atrás; também a peça de prata que lhe emprestei antes. Que sorte termos nos encontrado. O que você diz, rapaz? O que você diz?

Tarkad gaguejava e seu rosto corava. Não havia nada em seu estômago vazio que o encorajasse a discutir com o franco Dabasir.

-Desculpe-me, lamento muito", murmurou ele, "mas hoje eu não tenho nem o cobre nem a prata com os quais poderia pagar".

-Então, arrume", insistiu Dabasir. "Certamente você pode conseguir algumas moedas de cobre e um pedaço de prata para pagar a generosidade de um velho amigo de seu pai que o ajudou quando você estava em necessidade".

-É porque a má fortuna me segue que eu não posso pagar.

-Você quer culpar os Deuses por sua própria fraqueza? O infortúnio persegue todo homem que pensa mais em pedir emprestado do que em pagar. Venha comigo, meu rapaz, enquanto eu como. Estou com fome e quero lhe contar uma história.

Tarkad estremeceu com a brutal franqueza de Dabasir, mas ao menos este foi um convite para entrar na cobiçada porta da pousada.

Dabasir o empurrou para um canto da sala onde eles se sentaram em pequenos tapetes.

Quando Kauskor, o proprietário, apareceu sorrindo, Dabasir dirigiu-se a ele com sua liberdade habitual: "Lagarto gordo do deserto, traga-me uma perna de cabra, dourada com muito suco, e pão e todos os legumes, pois estou com fome e quero muita comida. Não se esqueça do meu amigo. Traga-lhe um jarro de água. Traga gelada, pois o dia está quente.

O coração de Tarkad afundou - ele deveria sentar-se aqui e beber água enquanto observava este homem devorar uma perna de cabra inteira? Ele não disse nada. Ele não pensou em nada que pudesse dizer.

No entanto, Dabasir não conhecia nenhum silêncio. Sorrindo e acenando para os outros clientes, que o conheciam, ele continuou. -Tive notícias de um viajante que acaba de voltar de Urfa sobre um certo homem rico que tem um pedaço de pedra cortado tão fino que você pode olhar através dele. Ele o colocou na janela de sua casa para manter fora da chuva. É de cor amarela, por isso este viajante se relaciona, e lhe foi permitido olhar através dela e o mundo inteiro lá fora parecia estranho e não como realmente é. O que você diz sobre isso, Tarkad, você acha que o mundo inteiro pode olhar para um homem de uma cor diferente da que é?

-Me atrevo a dizer", respondeu o jovem, muito mais interessado na perna gorda de cabra colocada diante de Dabasir.

-Bem, eu sei que é verdade porque eu mesmo vi o mundo em uma cor diferente da que ele realmente é, e a história que estou prestes a contar conta como cheguei a vê-lo em sua cor certa mais uma vez.

-Dabasir vai contar uma história", sussurrou um cliente vizinho, e baralhou seu tapete. Outros comensais trouxeram seus alimentos e se amontoaram em um semicírculo. Eles rangeram ruidosamente nos ouvidos de Tarkad e o encostavam com seus ossos carnudos. Somente ele estava sem comida. Dabasir não se ofereceu para compartilhar com ele ou mesmo apontá-lo para um pequeno canto do pão estragado que havia partido e caído da bandeja para o chão.

-A história que estou prestes a contar", começou Dabasir, parando para morder um bom pedaço de perna de cabra, "é sobre minha vida inicial e como cheguei a ser um comerciante de camelos. Alguém sabia que eu já fui um escravo na Síria"?

Um murmúrio de surpresa ondulava pelo auditório, ao qual Dabasir escutava com satisfação.

-Quando eu era jovem", continuou Dabasir depois de mais um feroz mergulho na perna de cabra, "aprendi o ofício de meu pai, fazer selas. Trabalhei com ele em sua oficina e logo depois me casei".

"Como eu era jovem e não tinha muito conhecimento, não podia ganhar muito, apenas o suficiente para sustentar minha excelente esposa modestamente. Eu ansiava por coisas boas que eu não podia pagar. Logo descobri que os comerciantes confiavam em mim para pagar mais tarde, mesmo que eu não pudesse pagar na época. Sendo jovem e inexperiente, eu não sabia que aquele que gasta mais do que ganha está semeando os ventos da auto-indulgência desnecessária, da qual certamente colherá os redemoinhos de problemas e humilhação. Por isso, eu me entreguei a meus caprichos de roupas finas e comprei luxos para minha boa esposa e nossa casa além de nossas possibilidades. Paguei o que pude e por um tempo tudo estava bem. Mas com o tempo descobri que não poderia usar meus ganhos tanto para viver como para pagar minhas dívidas".

"Os credores começaram a me perseguir para pagar por minhas compras extravagantes e minha vida se tornou miserável. Pedi emprestado a amigos, mas também não pude pagá-los de volta. As coisas foram de mal a pior. Minha esposa voltou para seu pai e eu decidi deixar a Babilônia e procurar outra cidade onde um jovem pudesse ter melhores oportunidades".

"Durante dois anos tive uma vida agitada e infrutífera trabalhando para comerciantes de caravanas. De lá caí com um grupo de ladrões simpáticos que vagueavam pelo deserto em busca de caravanas desarmadas. Tais atos eram indignos do filho de meu pai, mas eu via o mundo através de uma pedra colorida e não me dei conta da degradação em que eu havia caído".

"Fomos bem sucedidos em nossa primeira viagem, capturando um rico carregamento de ouro, sedas e mercadorias valiosas. Este saque levamos para Ginir e o esbanjamos".

"A segunda vez não tivemos tanta sorte. Logo após nossa captura, fomos atacados pelos lanceiros de um chefe nativo a quem as caravanas pagaram por proteção. Nossos dois líderes foram mortos e os demais foram levados para Damasco, onde fomos despojados de nossas roupas e vendidos como escravos".

"Fui comprado por duas moedas de prata por um chefe sírio do deserto. Com cabelos raspados e apenas um pano para vestir, eu não era tão diferente dos outros escravos. Como eu era um jovem imprudente, pensei que era uma aventura simples até que meu mestre me levou a suas quatro esposas e lhes disse que podiam me ter como eunuco".

"Então, de fato, percebi como minha situação era desesperada. Estes homens do deserto eram ferozes e guerreiros. Eu estava sujeito à vontade deles, sem armas e sem meios de fuga".

"Fiquei com medo enquanto aquelas quatro mulheres olhavam para mim. Eu me perguntava se eu poderia esperar misericórdia deles. Sira, a primeira esposa, era mais velha que as outras. Seu rosto era impassível enquanto olhava para mim. Eu me afastei dela com pouco conforto. A próxima foi uma beleza desdenhosa que me olhou com tanta indiferença como se eu fosse um verme da terra. As duas mais jovens riram como se tudo isso fosse uma piada emocionante".

"Parecia uma eternidade enquanto eu esperava pela sentença. Cada mulher parecia pronta para o que as outras decidissem. Finalmente, Sira falou com uma voz fria. "De eunucos temos muitos, mas de condutores de camelos temos poucos e eles são um lote inútil. Ainda hoje vou visitar minha mãe, que está doente de febre, e não há escravo em quem eu possa confiar para guiar meu camelo. Pergunte a este escravo se ele pode guiar um camelo".

Meu mestre então me perguntou: "O que você sabe sobre camelos"?

-Eu disse: "Eu posso fazê-los se ajoelhar, posso carregá-los, posso dirigi-los em longas viagens sem me cansar. Se necessário, eu posso consertar suas selas".

-O escravo fala corretamente", observou meu mestre. "Se desejar, Sira, aceite este homem como seu condutor de camelos".

-Então eu fui entregue à Sira, e naquele dia eu conduzi seu camelo em uma longa viagem até sua mãe enferma. Aproveitei a ocasião para agradecer-lhe por sua intercessão e também para dizer-lhe que não era um escravo de nascimento, mas filho de um homem livre, um honrado fabricante de selas da Babilônia. Eu também lhe contei muito da minha história. Seus comentários me intrigaram e eu refleti muito mais tarde sobre o que ela disse.

-Como você pode chamar-se um homem livre quando sua fraqueza o levou a isso? Se um homem tem em si mesmo a alma de um escravo, não se tornará um apesar de seu nascimento, já que até a água busca seu nível? Se um homem tem em si a alma de um homem livre, não se tornará respeitado e honrado em sua própria cidade, apesar de sua desgraça?

-Por mais de um ano fui um escravo e vivi com os escravos, mas não pude me tornar um deles.

-Um dia, Sira me perguntou: "Quando os outros escravos podem se misturar e desfrutar da sociedade uns dos outros, por que você se senta sozinho em sua tenda"?

-Ao que respondi: "Estou refletindo sobre o que você me disse. Será que eu tenho a alma de um escravo? Não posso me juntar a eles, portanto, devo me sentar à parte".

-O meu dote era grande, e meu senhor se casou comigo por isso. No entanto, ele não me deseja. O que toda mulher anseia é ser desejada. Para isso, e porque sou estéril e não tenho filho nem filha, devo ser separada. Se eu fosse homem, preferiria morrer a ser escravo, mas as convenções de nossa tribo fazem das mulheres escravas.

-O que você pensa de mim agora? -Eu tenho a alma de um homem ou a alma de um escravo?

-Você tem o desejo de pagar as justas dívidas que você deve na Babilônia"?, ela perguntou.

-Sim, eu tenho o desejo, mas não vejo como.

-Se você deixa passar os anos contentemente e não se esforça para pagar, então você não tem nada além da alma inútil de um escravo. Nenhum homem pode respeitar a si mesmo se não pagar suas dívidas honestas.

-O que posso fazer como escravo na Síria?

-Fique um escravo na Síria, seu fraco.

-Eu não sou um fraco", neguei calorosamente.

-Então prove.

-Como?

-O seu grande rei não luta contra seus inimigos de todas as maneiras que pode e com toda a força que tem?

-Suas dívidas são suas inimigas. Elas o expulsaram da Babilônia. Você as deixou sozinhas e elas se tornaram fortes demais para você. Se você tivesse lutado contra elas como um homem, poderia tê-las conquistado e ser um dos justos entre o povo da cidade. Mas você não tinha alma para lutar contra elas, e eis que seu orgulho decaiu até ser um escravo na Síria.

-Pensei longa e duramente sobre suas acusações indelicadas, e muitas frases defensivas redigi para provar que não era um escravo de coração, mas não tive a oportunidade de usá-las. Três dias depois, a empregada de Sira me trouxe até sua mestra.

-Minha mãe está muito doente novamente", disse ele. "Sele os dois melhores camelos do rebanho do meu marido. Amarre peles de água e alforges para uma longa viagem. A empregada lhe dará comida na tenda da cozinha.

-E preparei os camelos, surpreso com a quantidade de provisões que a empregada forneceu, pois a mãe vivia a menos de um dia de viagem. A empregada montou no camelo traseiro que a seguia e eu dirigi o da minha mestra. Quando chegamos à casa de sua mãe, foi logo após o anoitecer. Sira dispensou a empregada e me disse: "Dabasir, você tem a alma de um homem livre ou a alma de um escravo"?

-A alma de um homem livre", eu insisti.

-Agora é sua chance de provar isso. Seu mestre bebeu muito e seus chefes estão num estado de estupor. Pegue então estes camelos e fuja. Aqui nesta bolsa estão as roupas de seu mestre para disfarçá-lo. Eu direi que você roubou os camelos e escapou enquanto eu visitava minha mãe doente.

-Você tem a alma de uma rainha", disse eu. "Gostaria muito de poder levá-la à felicidade".

-Felicidade", respondeu ela, "não espera a esposa fugitiva que a procura em terras distantes entre pessoas estranhas. Siga seu caminho, e que os deuses do deserto o protejam, pois o caminho é distante e sem comida e água".

-Não precisei de mais insistência, mas lhe agradeci calorosamente e saí à noite. Eu não conhecia nada deste estranho país e tinha apenas uma vaga ideia da direção em que estava a Babilônia, mas corajosamente atravessei o deserto para as colinas. Montei um camelo e guiei o outro. Viajei toda aquela noite e todo o dia seguinte, incitado pelo conhecimento do terrível destino dos escravos que roubaram os bens de seu senhor e tentaram fugir.

"No final da tarde, cheguei a um lugar tão rude e inabitável quanto o deserto. Pedras afiadas machucavam os pés de meus fiéis camelos e logo eles foram lenta e dolorosamente atravessando".

"Não vi nem homem nem animal e pude entender bem porque eles evitavam esta terra inóspita".

"Desde então, foi uma jornada na qual poucos homens vivem para contar a história. Dia após dia, nós continuamos a caminhar. Os alimentos e a água acabaram. O calor do sol era impiedoso. No final do nono dia, escorreguei da parte de trás da sela com a sensação de que estava muito fraco para montar novamente e que certamente morreria, perdido neste lugar abandonado".

"Deitei-me no chão e dormi, não acordei até a primeira luz do dia. Eu me sentei e olhei ao meu redor. O ar da manhã estava fresco. Meus camelos estavam desanimados não muito longe. Ao meu redor havia uma vasta extensão de chão quebrado, coberto de pedras e areia e coisas espinhosas, sem sinal de água, sem nada para homem ou camelo comer".

"Será que nesta calma tranquila eu estava cumprindo meu fim? Minha mente estava mais clara do que nunca. Meu corpo agora parecia de pouca importância. Meus lábios ressequidos e sangrando, minha língua seca e inchada, meu estômago vazio, todos haviam perdido suas agonias supremas do dia anterior".

"Olhei para a distância pouco convidativa e mais uma vez me veio a pergunta: "Eu tenho a alma de um escravo ou a alma de um homem livre"? Então ficou claro para mim que, se eu tivesse a alma de um escravo, eu deveria me render, deitar no deserto e morrer, um fim adequado para um escravo fugitivo".

"Mas se eu tivesse a alma de um homem livre, o que eu faria então? Certamente, eu me esforçaria para voltar à Babilônia, devolver o favor às pessoas que confiaram em mim, trazer felicidade à minha esposa, que realmente me amou, e trazer paz e alegria aos meus pais".

"Suas dívidas são suas inimigas que o expulsaram da Babilônia", disse Sira. Sim, assim foi.

"Por que eu me recusei a me levantar como um homem? Por que eu permiti que minha esposa voltasse para o pai dela"?

"Então algo estranho aconteceu. O mundo inteiro parecia ter uma cor diferente, como se eu estivesse olhando para ele através de uma pedra colorida que tinha sido subitamente removida. Finalmente eu vi os verdadeiros valores da vida".

"Morto no deserto! Eu não! Com uma nova visão, eu vi as coisas que devia fazer".

"Em primeiro lugar, eu voltaria à Babilônia e encararia todo homem a quem eu devesse uma dívida não paga. Eu deveria dizer-lhes que, após anos de vagabundagem e desgraça, eu havia retornado para pagar minhas dívidas tão rápido quanto os Deuses permitiriam. Em seguida, eu deveria criar um lar para minha esposa e me tornar um cidadão do qual meus pais deveriam se orgulhar".

"Minhas dívidas eram minhas inimigas, mas os homens que eu devia eram meus amigos porque eles tinham confiado em mim e acreditado em mim. O que importava a fome, o que importava a sede? Estes foram apenas incidentes no caminho para a Babilônia. Dentro de mim surgiu a alma de um homem livre que voltava para conquistar seus inimigos e recompensar seus amigos. Fiquei entusiasmado com a grande resolução".

"Os olhos brilhantes dos meus camelos se iluminaram com a nova nota da minha voz rouca. Com grande esforço, depois de muitas tentativas, eles ficaram de pé. Com lamentável perseverança, eles avançaram para o norte, onde algo dentro de mim dizia que encontraríamos a Babilônia.

"Encontramos água. Passamos para um país mais fértil, onde havia grama e frutas. Encontramos nosso caminho para a Babilônia porque a alma de um homem livre olha a vida como uma série de problemas a serem resolvidos e os resolve, enquanto a alma de um escravo reclama: "O que posso fazer, eu sou apenas um escravo"?

"E você, Tarkad, seu estômago vazio deixa sua cabeça mais clara? Você está pronto para tomar o caminho que o leva de volta ao respeito próprio? Você consegue ver o mundo em sua verdadeira cor? Você tem o desejo de pagar suas dívidas honestas, por muitas que sejam, e tornar-se um homem respeitado na Babilônia novamente"?

A umidade veio aos olhos do jovem. Ele se ajoelhou com avidez.
-Você me mostrou uma visão; já sinto a alma de um homem livre se erguendo em mim.

-Como foi para você no seu retorno?, perguntou um ouvinte interessado.

-Onde está a determinação, o caminho pode ser encontrado", respondeu Dabasir. "Agora eu tinha a determinação, então me propus a encontrar o caminho. Primeiro visitei todos os homens a quem estava endividado e implorei sua indulgência até que eu pudesse ganhar aquilo com o qual retribuir. A maioria deles me recebeu de bom grado. Vários me insultaram, mas outros se ofereceram para me ajudar; um, de fato, me deu a ajuda de que eu precisava. Era Mathon, o financiador de ouro. Quando soube que eu havia sido um cuidador de camelos na Síria, enviou-me ao velho Nebatur, o mercador de camelos, que havia acabado de ser encarregado pelo nosso bom rei de comprar muitos rebanhos de camelos saudáveis para a grande expedição. Com ele eu coloquei em prática meus conhecimentos sobre camelos. Pouco a pouco fui capaz de devolver cada pedaço de cobre e cada pedaço de prata. Então, finalmente, pude levantar minha cabeça e sentir que era um homem honrado entre os homens".

Novamente Dabasir olhou para sua comida. -Kauskor", ele chamou alto o suficiente para ser ouvido na cozinha, "a comida está fria. Traga-me mais carne recém-assada. Traga também uma porção muito grande para Tarkad, o filho de meu velho amigo, que está com fome e vai comer comigo".

Assim terminou a história de Dabasir, o comerciante de camelos da antiga Babilônia. Ele encontrou sua própria alma quando percebeu uma grande verdade, uma verdade que havia sido conhecida e usada por homens sábios muito antes de seu tempo.

Estes princípios levaram homens de todas as idades a sair das dificuldades e a ter sucesso, e continuarão a fazê-lo para aqueles que têm a sabedoria de entender seu poder mágico. Eles são para qualquer homem que leia estas linhas.

ONDE ESTÁ A DETERMINAÇÃO, O CAMINHO PODE SER ENCONTRADO

As tabuletas de argila da Babilônia

Swithin's College Universidade Nottingham Newark-on-Trent Nottingham
Professor Franklin Caldwell, Respondável pela expedição científica britânica, Hillah, Mesopotâmia.
21 de outubro de 1934.

Meu caro professor:

As cinco tabuletas de argila de sua recente escavação nas ruínas da Babilônia chegaram no mesmo navio que sua carta. Elas me fascinaram enormemente e eu passei muitas horas agradáveis traduzindo suas inscrições. Eu deveria ter respondido à sua carta imediatamente, mas adiei até que eu pudesse completar as traduções anexas.

As tabuletas chegaram sem danos, graças ao uso cuidadoso de conservantes e excelente embalagem.

Você ficará tão surpreso quanto nós ficamos no laboratório com a história que elss contam. Você espera que o passado escuro e distante fale de romance e aventura. Material do tipo "Mil e Uma Noites". Quando, ao invés disso, revela a situação de uma pessoa chamada Dabasir para pagar suas dívidas, você percebe que as condições neste velho mundo não mudaram tanto em cinco mil anos como você poderia esperar.

É engraçado, mas estas inscrições antigas me deixam bastante "irritado", como dizem os estudantes. Sendo professor universitário, devo ser um ser humano pensante com um conhecimento prático da maioria das disciplinas.

No entanto, eis que este velho homem emerge das ruínas cobertas de pó da Babilônia para me oferecer uma maneira que nunca ouvi falar de pagar minhas dívidas e, ao mesmo tempo, adquirir ouro que tilinta na minha carteira.

Um pensamento agradável, digo eu, e interessante para testar se vai funcionar tão bem hoje como funcionava na antiga Babilônia. A Sra. Shrewsbury e eu estamos planejando testar seu plano em nossos próprios assuntos, que poderiam ser muito melhorados. Desejando-lhe a melhor das sortes e aguardando outra oportunidade de ajudar, despeço-me de você.

Atenciosamente, Alfred H. Shewsbury,

Departamento de Arqueologia.

Tabuleta número 1

Agora, quando a lua estiver cheia, eu, Dabasir, que acabo de voltar da escravidão na Síria, determinado a pagar minhas muitas e justas dívidas e me tornar um homem de meios dignos de respeito em minha cidade natal da Babilônia, gravo aqui em argila um registro permanente de meus assuntos para me guiar e me ajudar a realizar meus altos desejos.

Sob o sábio conselho de meu bom amigo Mathon, o financiador de ouro, estou determinado a seguir um plano exato que, de acordo com ele, levará qualquer homem honrado a sair da dívida em meios e auto-respeito.

Este plano inclui três propósitos que são minha esperança e meu desejo. Primeiro, o plano prevê minha prosperidade futura.

Portanto, um décimo de tudo o que eu ganho será reservado para mim. Pois Mathon fala sabiamente quando diz:

"O homem que guarda em sua bolsa o ouro e a prata que não precisa gastar é bom para sua família e leal ao seu rei".

"O homem que não tem mais do que algumas moedas em sua bolsa é indiferente à sua família e indiferente ao seu rei".

"Mas o homem que não tem nada em sua bolsa é indelicado com sua família e desleal com seu rei, pois seu próprio coração é amargo".

"Portanto, o homem que deseja alcançar a felicidade deve ter uma moeda que ele possa manter em sua bolsa, que ele tenha em seu coração amor por sua família e lealdade ao seu rei".

Em segundo lugar, o plano diz que devo manter e vestir minha boa esposa que voltou lealmente da casa de seu pai para mim. Pois Mathon diz que cuidar bem de uma esposa fiel incute auto-respeito no coração de um homem e acrescenta força e determinação ao seu propósito.

Portanto, sete décimos de tudo o que eu ganho será usado para fornecer uma casa, roupas para vestir e comida para comer, com um pouco mais para gastar, para que nossas vidas não faltem prazer.

Mas, além disso, ele pede o maior cuidado para garantir que não gastemos mais de sete décimos do que eu ganho para esses dignos propósitos. Nisso reside o sucesso do plano.

Devo viver desta parcela e nunca usar mais ou comprar o que não posso pagar com esta parcela.

Tabuleta número 2

Em terceiro lugar, o plano prevê que minhas dívidas sejam pagas a partir de meus ganhos. Portanto, cada vez que a lua estiver cheia, dois décimos de tudo o que ganhei serão divididos honrosa e equitativamente entre aqueles que confiaram em mim e aos quais estou em dívida. Assim, no devido tempo, todas as minhas dívidas serão pagas com segurança.

Portanto, registro aqui o nome de cada homem a quem estou endividado e o valor honesto de minha dívida.

Fahru, o tecelão de pano, 2 pratas, 6 cobres.

Sinjar, o fabricante de sofá, 1 prata.

Ahmar, meu amigo, 3 pratas, 1 cobre.

Zankar, meu amigo, 4 pratas, 7 cobres.

Askamir, meu amigo, 1 prata, 3 cobres.

Harinsir, o joalheiro, 6 pratas, 2 cobres.

Diarbeker, amigo do meu pai, 4 pratas, 1 cobre.

Alkahad, o proprietário da casa, 14 pratas.

Mathon, o financiador de ouro, 9 pratas.

Birejik, o agricultor, 1 prata, 7 cobres.

(A partir daqui, desintegrado. Não pode ser decifrado).

Tabuleta número 3

A esses credores devo no total cento e dezenove moedas de prata e cento e quarenta e uma de cobre. Como eu devia essas somas e não via como pagá-las, na minha loucura permiti que minha esposa retornasse ao pai e deixasse minha cidade natal para buscar riquezas fáceis em outro lugar, apenas para enfrentar o desastre e me ver vendido para a degradação da escravidão.

Agora que Mathon me mostrou como posso pagar minhas dívidas com pequenas somas de minha renda, percebo a grande extensão de minha loucura em fugir dos resultados de minhas extravagâncias. Portanto, visitei meus credores e expliquei a eles que não tenho recursos para pagar, exceto minha capacidade de ganho, e que pretendo aplicar dois décimos de tudo o que ganho à minha dívida de maneira uniforme e honesta. Isto é o que eu posso pagar, mas não mais.

Portanto, se você for paciente, a seu tempo minhas obrigações serão pagas integralmente.

Ahmar, que eu considerava meu melhor amigo, me denigrou amargamente e me deixou humilhado.

Birejik, o fazendeiro, implorou-me para pagar-lhe primeiro, pois ele precisava urgentemente de ajuda.

Alkahad, o proprietário da casa, foi muito desagradável e insistiu que ele me daria problemas a menos que eu o pagasse logo.

Todos os outros ficaram felizes em aceitar minha proposta. É por isso que estou mais determinado do que nunca a realizá-la, convencido de que é mais fácil pagar dívidas justas do que evitá-las. Mesmo que eu não possa satisfazer as necessidades e exigências de alguns dos meus credores, vou lidar com todos eles de forma justa.

Tabuleta número 4

Novamente a lua brilha cheia. Tenho trabalhado muito com a mente livre. Minha boa esposa tem apoiado minhas intenções de pagar meus credores.

Graças à nossa sábia determinação, ganhei durante a lua passada, ao comprar camelos ventosos saudáveis com boas pernas, para Nebatur, a soma de dezenove moedas de prata.

Isto eu dividi de acordo com o plano. Um décimo eu reservei para manter como meu, sete décimos eu dividi com minha boa esposa para pagar por nossa vida. Dois décimos eu dividi entre meus credores da mesma forma que pode ser feito em cobres.

Eu não vi Ahmar, mas o deixei com sua esposa. Birejik ficou tão feliz que beijou minha mão. Somente o velho Alkahad estava mal-humorado e disse que eu deveria pagar mais rápido. Ao que respondi que precisava ser bem alimentado e sem preocupações - somente isso me permitiria pagar mais rápido. Todos os outros me agradeceram e falaram bem dos meus esforços.

Assim, no final de uma lua, minha dívida foi reduzida em quase quatro moedas de prata e possuo, além disso, quase duas moedas de prata, às quais nenhum homem tem direito. Meu coração é mais leve do que tem sido por muito tempo.

Novamente a lua brilha cheia. Tenho trabalhado muito, mas com pouco sucesso. Poucos camelos eu consegui comprar. Eu ganhei apenas onze moedas de prata. Entretanto, minha boa esposa e eu cumprimos o plano, embora não tenhamos comprado roupas novas e tenhamos comido apenas ervas.

Mais uma vez, recebemos um décimo das onze peças, enquanto vivíamos em sete décimos. Fiquei surpreso que Ahmar elogiasse meu pagamento, mesmo que fosse pequeno. Também o fez Birejik. Alkahad entrou em fúria, mas quando lhe disse para devolver sua parte se ele não a quisesse, ele se reconciliou. Os outros, como antes, estavam satisfeitos. Novamente a lua brilhava cheia e eu estava muito feliz. Interceptei um bom rebanho de camelos e comprei muitos saudáveis, de modo que meu lucro foi de quarenta e duas moedas de prata. Nesta lua, minha esposa e eu compramos sandálias e roupas muito necessárias. Também comemos carne e aves.

Pagamos mais de oito moedas de prata a nossos credores. Nem mesmo Alkahad protestou.

O plano é ótimo porque nos livra de dívidas e nos dá riqueza que é nossa.

Três vezes a lua tinha estado cheia desde a última vez que esculpi nesta argila. Cada vez paguei a mim mesmo um décimo de tudo o que ganhei. Cada vez minha boa esposa e eu vivemos em sete décimos, embora às vezes seja difícil. Cada vez paguei dois décimos aos meus credores.

Na minha bolsa tenho agora vinte e uma moedas de prata que só pertencem a mim. Isso faz minha cabeça ficar sobre meus ombros e me deixa orgulhoso de caminhar entre meus amigos. Minha esposa mantém nossa casa bem vestida e bem cuidada. Estamos felizes em viver juntos.

O plano é inestimável. Não fez um homem honrado de um ex-escravo?

Tabuleta número 5

Mais uma vez a lua cheia brilha e lembro que há muito tempo eu esculpi em barro. Doze luas, de fato, vieram e partiram. Mas neste dia não vou descuidar meu registro, pois neste dia paguei a última das minhas dívidas.

Este é o dia em que, junto com minha boa esposa, celebramos com um grande banquete que nossa determinação foi alcançada.

Na minha última visita aos meus credores, muitas coisas aconteceram que eu me lembrarei por muito tempo. Ahmar pediu desculpas por suas palavras indelicadas e disse que eu era um dos que ele mais queria como amigo.

O velho Alkahad afinal não é tão ruim assim, pois ele disse: "Antes você era um pedaço de argila macia que podia ser prensada e moldada por qualquer mão que lhe tocasse, mas agora você é um pedaço de bronze capaz de segurar uma lâmina. Se você precisar de prata ou ouro a qualquer momento, venha até mim".

Nem é o único que me tem em alta estima. Muitos outros me falam com deferência. Minha boa esposa me olha com uma luz em seus olhos que deixa um homem confiante.

No entanto, foi o plano que fez meu sucesso. Permitiu-me saldar todas as minhas dívidas e juntar ouro e prata na minha carteira. Recomendo-o a todos os que desejam avançar. Pois, de fato, se permite que um ex-escravo pague suas dívidas e tenha ouro em sua bolsa, não ajudará qualquer homem a encontrar a independência? Eu mesmo ainda não terminei o plano, pois estou convencido de que se eu o seguir, ele me tornará rico entre os homens.

Swithin's College Nottingham Newark- Universidade de Nottingham
on-Trent, Nottingham
Professor Franklin Caldwell, Responsável pela expedição científica britânica, Hillah, Mesopotâmia.

7 de novembro de 1936. Meu caro professor:

Se, ao cavar mais fundo naquelas ruínas babilônicas, você encontrar o fantasma de um antigo residente, um velho comerciante de camelos chamado Dabasir, faça-me um favor. Diga-lhe que seus rabiscos naquelas tabuletas de argila, há tanto tempo, lhe renderam a gratidão de alguns estudantes universitários aqui na Inglaterra.

Você possivelmente se lembrará que há um ano escrevi que eu e a Sra. Shrewsbury pretendíamos tentar seu esquema para sair da dívida e, ao mesmo tempo, ter ouro para tilintar. Você deve ter adivinhado, embora tenhamos tentado escondê-lo de nossos amigos, nossa situação desesperada.

Fomos terrivelmente humilhados durante anos por um monte de dívidas antigas e nos preocupamos muito por medo de que um dos comerciantes começasse um escândalo que me obrigasse a deixar a escola. Pagamos e pagamos - cada xelim que podíamos obter da renda - mas mal foi o suficiente para manter a situação. Além disso, fomos forçados a fazer todas as nossas compras onde pudéssemos obter mais crédito, apesar dos altos custos.

Tornou-se um daqueles círculos viciosos que ficam piores em vez de melhores. Nossas lutas se tornaram cada vez mais desesperadas. Não podíamos nos mudar para quartos menos caros porque devíamos ao locador.

Parecia que não havia nada que pudéssemos fazer para melhorar nossa situação.

Então, aí vem seu conhecido, o velho comerciante de camelos da Babilônia, com um plano para fazer exatamente o que queríamos alcançar. Ele nos encorajou a seguir seu sistema. Fizemos uma lista de todas as nossas dívidas e eu a peguei e a mostrei a todos que devíamos.

Expliquei a eles que era simplesmente impossível para mim pagá-los como as coisas estavam. Eles puderam ver isso por si mesmos a partir dos números. Expliquei então que a única maneira que eu podia ver para pagá-los integralmente era reservar vinte por cento de minha renda a cada mês para ser dividida proporcionalmente, o que nos permitiria pagá-los integralmente em pouco mais de dois anos.

Eles foram realmente muito decentes. Nosso verdureiro, um velho sábio, colocou isso de uma forma que ajudou o resto a se recuperar. "Se você pagar por tudo o que comprar e depois pagar parte do que deve, é melhor do que o que fez, porque não paga nada da conta há três anos". Finalmente consegui que todos eles assinassem um acordo para que não nos incomodassem, desde que vinte por cento de nossa renda fosse paga regularmente.

Depois começamos a esquematizar como viver com setenta por cento. Estávamos determinados a manter esses dez por cento a mais para nós. A ideia de prata e possivelmente de ouro era muito sedutora.

Foi como uma aventura fazer a mudança. Gostamos de calcular desta e daquela maneira, para viver confortavelmente com os setenta por cento restantes. Começamos com o aluguel e conseguimos um bom desconto. Em seguida, colocamos nossas marcas favoritas de chá e similares sob suspeita e ficamos agradavelmente surpresos com a frequência com que fomos capazes de adquirir qualidades superiores a um custo mais baixo.

É uma história muito longa para uma carta, mas em todo caso não foi difícil. Conseguimos, e muito alegremente. Foi um alívio ter nossos assuntos em tal forma que não fomos mais assombrados por contas vencidas.

No entanto, não posso deixar de lhes falar sobre os dez por cento extras que deveríamos poupar. Essa é a verdadeira diversão, começar a acumular dinheiro que você não quer gastar. Há mais prazer em acumular um excedente do que em gastá-lo.

Fizemos um investimento no qual podemos pagar esses dez por cento todos os meses. Isto está se revelando a parte mais satisfatória de nossa regeneração. É a primeira coisa que pagamos com meu cheque.

É uma sensação de segurança muito gratificante saber que nosso investimento está crescendo de forma constante. Quando meu tempo como professor terminar, deverá ser uma boa soma, grande o suficiente para que a renda cuide de nós a partir de então.

Tudo isso vem do mesmo cheque de sempre. Difícil de acreditar, mas absolutamente verdadeiro. Todas nossas dívidas estão sendo pagas gradualmente e, ao mesmo tempo, nosso investimento está aumentando. Além disso, estamos nos saindo ainda melhor financeiramente do que antes. Quem teria pensado que poderia haver tal diferença nos resultados entre seguir um plano financeiro e simplesmente andar à deriva.

No final do próximo ano, quando tivermos pago todas as nossas dívidas, teremos mais a pagar para nosso investimento, e um pouco mais para as viagens.

Estamos determinados a nunca mais permitir que nossas despesas excedam setenta por cento de nossa renda. Agora você pode entender porque gostaríamos de estender nossos agradecimentos pessoais àquele velho homem cujo plano nos salvou de nosso "Inferno na Terra".

Ele sabia disso. Ele já havia passado por tudo isso. Ele queria que outros se beneficiassem de suas próprias experiências amargas. É por isso que ele passou horas tediosas esculpindo sua mensagem em argila. Ele tinha uma mensagem real para os companheiros que sofrem, uma mensagem tão importante que, após cinco mil anos, ressuscitou das ruínas da Babilônia, tão verdadeira e vital quanto o dia em que foi enterrada.

Atenciosamente, Alfred H. Shrewsbury,

Departamento de Arqueologia.

O homem mais sortudo da Babilônia

À frente de sua caravana, Sharru Nada, o príncipe mercante da Babilônia, cavalgou orgulhosamente. Ele gostava de tecidos finos e usava roupas ricas e elegantes. Ele gostava de animais finos e sentava-se tranquilamente em seu garanhão árabe espirituoso. Ao olhar para ele, dificilmente se teria adivinhado sua idade avançada. Certamente, eles não teriam suspeitado que ele estava com saúde precária.

A viagem desde Damasco é longa e as dificuldades do deserto são muitas. Isto não o incomodou.

As tribos árabes são ferozes e ávidas por saquear caravanas ricas. Ele não as temia, pois seus numerosos guardas montados na frota proporcionavam uma proteção confiável.

O jovem ao seu lado, que ele havia trazido de Damasco, o perturbava. Este era Hadan Gula, neto de seu companheiro de anos atrás, Arad Gula, a quem ele sentia que tinha uma dívida de gratidão que nunca poderia pagar. Ele gostaria de fazer algo por este neto, mas quanto mais ele considerava isso, mais difícil lhe parecia por causa do próprio jovem.

Olhando para os anéis e brincos do jovem, ele pensou para si mesmo: "Ele acha que as joias são para os homens, e ainda assim tem o rosto forte de seu avô. Mas seu avô não usava roupas tão vistosas". Mesmo assim, pedi-lhe que viesse, na esperança de poder ajudá-lo a ficar de pé e a fugir da ruína que seu pai fez de sua herança.

Hadan Gula entrou em seus pensamentos: "Por que você trabalha tanto, sempre acompanhando sua caravana em suas longas viagens? Você nunca separa tempo para aproveitar a vida?"

Sharru Nada sorriu. -O que você faria para aproveitar a vida se você fosse Sharru Nada?

-Se eu tivesse riqueza igual à sua, eu viveria como um príncipe. Eu nunca atravessaria o deserto quente. Eu gastaria os shekels tão rápido quanto eles entrassem na minha bolsa. Eu compraria as vestes mais caras e as joias mais deslumbrantes. Isso seria uma vida ao meu gosto, uma vida que vale a pena viver. -Ambos os homens riram.

-Seu avô não usava joias", Sharru Nada falou antes de pensar, depois continuou brincando, "Você não deixaria tempo para o trabalho"?

-O trabalho foi feito para os escravos", respondeu Hadan Gula.

Sharra Nada mordeu o lábio, mas não respondeu, cavalgando em silêncio até que a trilha os levou para a encosta.

Neste ponto, ele reinava em seu monte e, apontando para o vale verde ao longe, disse: "Olha, ali está o vale. Olhe para baixo e você pode ver as paredes da Babilônia. A torre é o Templo de Bel. Se seus olhos estiverem aguçados, você pode até ver a fumaça do fogo eterno acima de seu cume".

- Então essa é a Babilônia? Sempre desejei ver a cidade mais rica do mundo inteiro", comentou Hadan Gula. "Babilônia, onde meu avô começou sua fortuna. Quem me dera que ele ainda estivesse vivo. Não teríamos tantos problemas".

-Por que desejar que seu espírito permaneça na terra além do tempo que lhe foi concedido? Você e seu pai podem continuar seu bom trabalho.

"Infelizmente, nenhum de nós tem seu dom. Meu pai e eu não sabemos seu segredo para atrair os shekels dourados".

Sharru Nada não respondeu, mas soltou sua montaria e cavalgou pensativamente pela trilha em direção ao vale. Atrás deles seguiu a caravana em uma nuvem de poeira avermelhada. Algum tempo depois eles chegaram à estrada dos Reis e viraram para o sul através das fazendas irrigadas.

Três homens velhos lavrando um campo chamaram a atenção de Sharru Nada. Eles pareciam estranhamente familiares.

Que ridículo! Não se caminha por um campo depois de quarenta anos e se encontra os mesmos homens lavrando ali. No entanto, algo dentro dele lhe disse que eles eram os mesmos. Um, com um punho incerto, segurava a charrua. Os outros se moviam laboriosamente ao lado dos bois, batendo-os de forma ineficaz com suas varas de barril para mantê-los puxando.

Há quarenta anos eu invejava aqueles homens - com alegria eu teria trocado de lugar! Mas que diferença agora. Orgulhosamente, ele olhou para trás para sua caravana, com camelos e burros bem escolhidos, carregados com mercadorias valiosas de Damasco. Tudo isso era apenas um de seus pertences.

Ele apontou para os lavradores, dizendo: "Eles ainda estão lavrando o mesmo campo onde estavam há quarenta anos".

-Pode ser, mas por que você acha que são eles?

-Eu os vi lá", respondeu Sharru Nada. As lembranças vieram apressadas de volta à sua mente.

Então ele viu, como se em um momento, o rosto sorridente de Arad Gula. A barreira entre ele e o jovem cínico ao seu lado se dissolveu.

Mas como ele poderia ajudar um jovem tão superior com suas ideias extravagantes e com suas mãos desesperadas?

Ele podia oferecer muito trabalho aos trabalhadores dispostos, mas nenhum aos homens que eram considerados bons demais para o trabalho. No entanto, ele devia a Arad Gula fazer algo, não uma tentativa sem convicção. Ele e Arad Gula nunca tinham feito as coisas dessa maneira. Eles não eram desse tipo de homens.

Um plano lhe veio à mente quase em um instante. Ele tinha objeções. Ele tinha que levar em conta sua própria família e posição. Seria cruel; magoaria. Sendo um homem de decisões rápidas, ele renunciou às objeções e decidiu agir.

-Você estaria interessado em saber como seu digno avô e eu nos reunimos em uma parceria que se mostrou tão lucrativa?

-Por que você não me diz como você obteve os shekels de ouro? Isso é tudo o que preciso saber.

Sharru ignorou a resposta e continuou: "Começamos com aqueles homens que araram. Eu não era mais velho do que você. Quando a coluna de homens na qual eu estava marchando se aproximava, Megiddo, o fazendeiro, gozou da maneira descuidada com que eles aravam. Megiddo estava acorrentado ao meu lado. "Olhe para aqueles ociosos", protestou ele, "aquele que lavra não faz um esforço para arar profundamente, nem os batedores mantêm os bois no sulco".

-Como eles podem esperar obter uma boa colheita com um arado pobre?

-Você disse que Megiddo estava acorrentado a você? -Hadan Gula perguntou surpreso.

-Sim, com coleiras de latão ao redor de nosso pescoço e um comprimento de corrente pesada entre nós. Ao seu lado estava Zabado, o ladrão de ovelhas. Eu o tinha conhecido em Harroun. No final estava um homem a quem chamamos de Pirata porque ele não nos dizia seu nome. Nós o julgamos um marinheiro porque ele tinha cobras entrelaçadas tatuadas em seu peito do jeito dos marinheiros. A coluna foi formada desta forma para que os homens pudessem andar em quatro.

-Você foi acorrentado como um escravo? -Hadan Gula perguntou com incredulidade.

-Não lhe disse seu avô que eu já fui escravo?

-Ele falava frequentemente de você, mas nunca insinuou isso.

-Ele era um homem em quem você podia confiar seus segredos mais íntimos. Você é um homem em quem também posso confiar, não é? -Sharru Nada o olhou diretamente nos olhos.

-Você pode confiar no meu silêncio, mas estou surpreso. Diga-me como você chegou a ser um escravo.

Sharru Nada encolheu os ombros, e disse:

-Um homem pode ser um escravo. Foi uma casa de jogo e cerveja de cevada que me levou ao desastre. Eu fui vítima das indiscrições de meu irmão. Em uma briga, ele matou seu amigo. Eu foi oferecido à viúva por causa de meu pai, desesperado para impedir que meu irmão fosse processado pela lei. Quando meu pai não conseguiu levantar o dinheiro para me libertar, ela me vendeu com raiva para o comerciante de escravos.

-Que vergonha e injustiça! -Mas diga-me, como você recuperou sua liberdade?

-Vamos chegar lá, mas ainda não. Vamos continuar com minha história. Ao passarmos, os lavradores zombaram de nós. Um deles tirou o chapéu e fez uma reverência, dizendo: "Bem-vindos à Babilônia, convidados do rei. Ele o espera nas muralhas da cidade, onde é oferecido o banquete, tijolos de lama e sopa de cebola". E com isso, eles começaram a rir.

"O pirata voou em fúria e os amaldiçoou impiedosamente.

"O que esses homens queriam dizer quando disseram que o Rei nos espera nas muralhas? -Perguntei.

"Para as muralhas da cidade você marcha para carregar tijolos até que suas costas se quebrem. Talvez você seja espancado até a morte antes que ela se rompa".

"Eles não vão me bater. Eu vou matá-los".

"Então Megiddo interjeitou: "Não faz sentido para mim falar sobre mestres que espancam escravos e trabalhadores dispostos à morte. Os mestres gostam de bons escravos e os tratam bem".

-Quem quer trabalhar duro", disse Zabado, "esses lavradores são sábios. Eles não quebram as costas. Eles apenas têm a aparência que têm".

-Não se pode ir adiante esquivando-se", protestou Megiddo. "Se você arar um hectare, esse é um bom dia de trabalho e qualquer mestre sabe disso. Mas quando se ara apenas a metade, isso é fugir. Eu não me esquivo. Eu gosto de trabalhar e gosto de fazer um bom trabalho, porque o trabalho é o melhor amigo que eu já conheci. Isso me trouxe todas as coisas boas que tive, minha fazenda e as vacas e as colheitas, tudo".

-Sim, e onde estão essas coisas agora? -Zabado ridicularizou. "Acho que é melhor ser inteligente e sobreviver sem trabalhar". Observe o Zabado, se eles nos venderem para as muralhas, ele estará carregando o saco de água ou algum trabalho fácil enquanto você, que gosta de trabalhar, estará quebrando suas costas carregando tijolos". Ele riu com suas risadas bobas.

-Terror me envolveu naquela noite. Eu não conseguia dormir. Eu me abracei perto da corda do guarda, e quando os outros estavam dormindo, atraí a atenção de Godoso, que estava na primeira vigília. Ele era um daqueles bandidos árabes, o tipo de bandido que, se ele rouba sua carteira, pensa que deve cortar sua garganta também.

-Dizei-me, Godoso", sussurrei, "quando chegarmos à Babilônia, eles nos venderão para as muralhas"?

-Por que você quer saber? - perguntou ele com cautela.

-Você não pode entender? -Implorei. "Eu sou jovem. Eu quero viver. Não quero ser obrigado a trabalhar e não quero ser espancado até a morte nas muralhas. Há alguma chance de conseguir um bom mestre"?

-Ele sussurrou: "Eu lhe digo uma coisa. Você, meu bom amigo, não dê nenhum problema ao Godoso. Na maioria das vezes, vamos primeiro ao mercado de escravos. Ouça agora. Quando os compradores chegarem, diga-lhes que você é um bom trabalhador, que você gosta de trabalhar duro para um bom mestre. Faça-os quererem comprá-lo. Se você não os fizer comprá-lo, no dia seguinte você carregará tijolos - muito trabalho duro".

-Depois que ele saiu, eu me deitei na areia quente, olhando para as estrelas e pensando no trabalho.

"O que Megiddo tinha dito sobre eu ser seu melhor amigo, me fez pensar se ele seria meu melhor amigo".

"Certamente seria se isso me ajudasse a sair disso".

"Quando Megiddo acordou, eu lhe sussurrei minha boa notícia. Era nosso único raio de esperança enquanto marchávamos em direção à Babilônia. No final da tarde, nos aproximamos das paredes e pudemos ver as filas de homens, como formigas negras, subindo e descendo os íngremes caminhos diagonais. Ao nos aproximarmos, ficamos espantados com os milhares de homens trabalhando, alguns cavando no fosso, outros misturando a terra para fazer tijolos de lama. O maior número deles levava os tijolos em grandes cestas por aqueles caminhos íngremes até os pedreiros".

"Os supervisores xingavam os retardatários e chicoteavam as costas daqueles que não se mantinham alinhados com os chicotes. Os pobres e exaustos camaradas foram vistos cambaleando e caindo sob suas pesadas cestas, incapazes de se levantar novamente. Se as chibatadas não conseguissem levá-los aos pés, eles eram empurrados para o lado das estradas e deixados contorcendo-se de dor. Logo eles eram arrastados para juntar-se a outros corpos covardes à beira da estrada para aguardar sepulturas não santificadas. Ao contemplar o espetáculo horripilante, estremeci. Então era isto que esperava o filho de meu pai se ele falhasse no mercado de escravos".

"As famosas obras da antiga Babilônia, seus muros, templos, jardins suspensos e grandes canais, foram construídos por trabalho escravo, principalmente prisioneiros de guerra, o que explica o tratamento desumano que recebiam".

"Esta força de trabalho também incluía muitos cidadãos da Babilônia e de suas províncias que haviam sido vendidos como escravos por causa do crime ou de problemas financeiros. Era costume comum que os homenscomprometessem suas esposas ou seus filhos como fiadores para garantir o pagamento de empréstimos, julgamentos legais ou outras obrigações. Em caso de inadimplência, os prometidos eram vendidos como escravos".

"Godoso tinha razão. Fomos levados através dos portões da cidade para a prisão de escravos e na manhã seguinte fomos levados para os currais do mercado. Aqui o resto dos homens se amontoavam de medo e somente os chicotes de nosso guarda podiam mantê-los em movimento para que os compradores pudessem examiná-los. Megiddo e eu conversamos avidamente com todos os homens que nos permitiram dirigi-los".

"O comerciante de escravos trouxe soldados da Guarda do Rei que acorrentaram o Pirata e o espancaram brutalmente quando ele protestou. Ao levá-lo embora, senti pena dele".

"Megiddo pressentiu que em breve estaríamos separados. Quando não havia compradores por perto, ele falou comigo com seriedade para me impressionar o quanto o trabalho seria valioso para mim no futuro: "Alguns homens odeiam isso. Eles fazem de você seu inimigo. É melhor tratá-lo como um amigo, torná-lo como você. Não se preocupe se isso for difícil. Se você pensar na boa casa que constrói, o que importa é que as vigas são pesadas e o poço está longe para carregar a água para o reboco. Prometa-me, meu rapaz, que se você conseguir um mestre, você trabalhará para ele o máximo que puder. Se ele não apreciar tudo o que você faz, isso não importa. Lembre-se de que o trabalho bem feito faz o homem que o faz bem. Isso faz dele um homem melhor."

"Ele parou quando um agricultor corpulento se aproximou do recinto e nos olhou de forma crítica".

"Megiddo perguntou sobre sua fazenda e suas plantações, e logo ficou convencido de que ele seria um homem valioso. Depois de um violento regateio com o comerciante de escravos, o fazendeiro tirou um saco grosso de debaixo de sua túnica e logo Megiddo seguiu seu novo mestre para longe da vista".

"Alguns outros homens foram vendidos durante a manhã. Ao meio-dia Godoso me confidenciou que o revendedor estava descontente e não ficaria mais uma noite, mas levaria todos os que ficassem à noite para o comprador do Rei. Eu estava ficando desesperado quando um homem gordo e bem-humorado veio à parede e perguntou se havia algum padeiro entre nós".

"Eu me aproximei dele dizendo: "Por que um bom padeiro como você deveria procurar outro padeiro de maneiras inferiores? Não seria mais fácil ensinar a um homem disposto como eu seus modos habilidosos? Olhe para mim, eu sou jovem, forte e gosto de trabalhar. Dê-me uma chance e farei o meu melhor para ganhar ouro e prata para sua bolsa".

"Ele ficou impressionado com minha disposição e começou a regatear com o comerciante, que nunca havia reparado em mim desde que me comprou, mas agora se mostrava eloquente com minhas habilidades, saúde e disposição. Eu me senti como um boi gordo sendo vendido a um açougueiro. Finalmente, para minha alegria, o negócio foi fechado. Eu segui meu novo mestre, pensando que eu era o homem mais sortudo da Babilônia".

"Minha nova casa era muito do meu agrado. Nana-naid, meu mestre, me ensinou como moer a cevada na tigela de pedra no pátio, como acender o fogo no forno e como moer a farinha de gergelim para os bolos de mel de forma muito fina. Eu tinha um sofá no galpão onde o grão era armazenado. A velha dona de casa escrava, Swasti, me alimentou bem e ficou feliz em ver como eu a ajudava nas tarefas pesadas".

"Aqui estava a oportunidade que eu almejava para me tornar valioso para meu mestre e, eu esperava encontrar uma maneira de conquistar minha liberdade".

"Pedi à Nana-naid que me ensinasse como amassar pão e assar. Ele o fez, muito satisfeito com a minha disposição. Mais tarde, quando pude fazê-lo corretamente, pedi-lhe que me ensinasse como fazer os bolos de mel, e logo eu estava fazendo toda a cozedura. Meu mestre estava feliz por estar ocioso, mas Swasti balançou a cabeça em desaprovação: "Nenhum trabalho a fazer é ruim para qualquer homem", declarou ela".

"Senti que tinha chegado a hora de pensar em uma maneira de começar a ganhar moedas para comprar minha liberdade. Como a cozinha terminou ao meio-dia, pensei que Nana-naid aprovaria que eu encontrasse um emprego rentável à noite e que ele pudesse compartilhar meus ganhos comigo".

"Então me ocorreu: por que não assar mais bolos de mel e vendê-los a homens famintos nas ruas da cidade"?

"Apresentei meu plano à Nana-naid da seguinte forma: "Se eu puder usar minhas noites depois de terminar de assar para ganhar moedas para você, seria justo que você dividisse meus ganhos comigo para que eu pudesse ter dinheiro próprio para gastar naquelas coisas que todo homem quer e precisa"?

-É justo, é justo", admitiu ele. Quando lhe contei meu plano de vender nossos bolos de mel, ele ficou muito contente. -Isso é o que faremos", sugeriu ele, "Você os vende a dois por um centavo, e metade dos centavosserá minha para pagar a farinha, o mel e a madeira para assá-los. Do resto, eu fico com a metade, e você com a outra metade".

-Estou muito satisfeito com sua generosa oferta de manter um quarto das minhas vendas.

"Naquela noite trabalhei até tarde para fazer uma bandeja para mostrá-los. Nana-naid me deu um de seus roupões gastos para que ficasse bonito, e Swasti me ajudou a consertá-lo e lavá-lo".

"No dia seguinte, fiz um lote extra de bolos de mel. Eles pareciam marrons e tentadores na bandeja enquanto eu andava pela rua, clamando por minhas mercadorias. No início, ninguém parecia interessado e eu fiquei desanimado".

"Segui em frente e, no final da tarde, quando os homens estavam com fome, os bolos começaram a ser vendidos e logo minha bandeja estava vazia".

"Nana-naid ficou encantado com meu sucesso e me pagou com prazer minha parte. Tive o prazer de possuir centavos. Megiddo estava certo quando disse que um mestre apreciava o bom trabalho de seus escravos".

"Naquela noite eu estava tão animado com meu sucesso que mal conseguia dormir e tentava calcular quanto poderia ganhar em um ano e quantos anos seriam necessários para comprar minha liberdade".

"Enquanto saía com minha bandeja de bolos todos os dias, logo encontrei clientes regulares. Um deles era nada menos que seu avô, Arad Gula. Ele era comerciante de tapetes e vendia para donas de casa, indo de um extremo a outro da cidade, acompanhado por um burro carregado de tapetes e um escravo negro para atendê-lo. Ele comprava dois bolos para si e dois para seu escravo, e sempre falava comigo enquanto eles os comiam".

"Seu avô me disse um dia algo que eu sempre lembrarei. "Eu gosto de seus bolos, meu rapaz, mas gosto ainda mais do bom espírito com o qual você os oferece. Esse espírito pode levá-lo longe no caminho do sucesso".

"Mas como você pode entender, Hadan Gula, o que tais palavras de encorajamento podem significar para um menino escravo, sozinho em uma grande cidade, lutando com tudo o que tinha dentro dele para encontrar uma saída para sua humilhação"?

"Com o passar dos meses, eu continuava acrescentando moedas à minha bolsa. Ela começou a ter um peso reconfortante no meu cinto. O trabalho estava provando ser meu melhor amigo, exatamente como Megiddo havia dito. Eu estava feliz, mas Swasti estava preocupada.

-Seu mestre, temo que ele passe tanto tempo nas casas de jogos", protestou ela.

-Um dia fiquei muito feliz por encontrar meu amigo Megiddo na rua. Ele carregava três burros carregados com legumes para o mercado. "Estou indo muito bem", disse ele. "Meu mestre aprecia meu bom trabalho porque agora eu sou capataz. Olha, ele me confia ir aos mercados, e também envia provisões para apoiar minha família. O trabalho está me ajudando a me recuperar do meu grande problema. Um dia, isso me ajudará a comprar minha liberdade e ter novamente uma fazenda minha própria".

-O tempo passou e Nana-naid ficou cada vez mais ansioso para que eu voltasse da venda. Ele esperava por mim quando eu voltasse e contava e distribuia nosso dinheiro avidamente. Ele também me incitou a procurar mais mercados e a aumentar minhas vendas.

"Muitas vezes eu saía às portas da cidade para oferecer meus bolos de mel aos supervisores escravos que construíam as muralhas da cidade. Odiei retornar a esses lugares desagradáveis, mas encontrei os capatazes compradores liberais. Um dia fiquei surpreso ao ver Zabado esperando na fila para encher sua cesta de tijolos. Ele estava emaciado e corcundo, e suas costas estavam cobertas de vergões e feridas das pestanas dos capatazes. Tive pena dele e lhe entreguei um bolo, que ele enfiou em sua boca como um animal faminto. Ao ver o olhar ganancioso em seus olhos, corri antes que ele pudesse agarrar minha bandeja".

-Por que você trabalha tão arduamente? -Arad Gula me perguntou um dia.

-Quase a mesma pergunta que você me fez hoje, lembra-se? Contei a ele o que Megiddo havia dito sobre o trabalho e como ele estava se tornando meu melhor amigo. Eu lhe mostrei orgulhosamente minha bolsa e expliquei como estava economizando para comprar minha liberdade.

-Quando você estiver livre, o que você fará", perguntou ele.

-Então", respondi, "pretendo me tornar um comerciante".

-Nisso, ele me confidenciou algo que eu nunca havia suspeitado. "Você não sabe que eu também sou um escravo. Eu estou em parceria com meu mestre".

-Basta", exigiu Hadan Gula, "Não vou ouvir as mentiras que caluniam meu avô. Ele não era um escravo". Seus olhos queimavam de raiva.

Sharru Nada permaneceu calmo.

-Seu avô foi muito honrado por ter superado sua desgraça e se tornado um importante cidadão de Damasco. Você, seu neto, é do mesmo molde? Você é homem suficiente para enfrentar os fatos reais, ou prefere viver sob falsas ilusões?

Hadan Gula endireitou-se em sua sela. Em uma voz engasgada de profunda emoção, ele respondeu: "Meu avô era amado por todos. Suas boas ações foram inúmeras. Quando a fome chegou, ele não comprou grãos no Egito com seu ouro e sua caravana, não os levou para Damasco e os distribuiu entre o povo para que ninguém morresse de fome? Agora você diz que ele não passava de um escravo desprezado na Babilônia".

-Se ele tivesse permanecido escravo na Babilônia, então ele poderia muito bem ter sido desprezado, mas quando, através de seus próprios esforços, ele se tornou um grande homem em Damasco, os Deuses, na verdade, perdoaram seus infortúnios e o honraram com seu respeito", respondeu Sharru Nada.

"Depois de me dizer que ele era um escravo", continuou Sharru Nada, "ele me explicou como ele estava ansioso para conquistar sua liberdade. Agora que ele tinha dinheiro suficiente para comprá-la, ele estava muito preocupado com o que fazer. Ele temia perder o apoio de seu mestre e não ter mais tantas vendas".

-Protestei contra sua indecisão: "Não se apegue mais ao seu mestre". Torne-se novamente um homem livre. Aja como um homem livre e tenha sucesso como um homem livre. Decida o que você quer alcançar e então o trabalho o ajudará a alcançá-lo.

-Ele seguiu seu caminho, dizendo estar feliz por eu o ter envergonhado por sua covardia.

"Um dia saí de novo dos portões e fiquei surpreso ao encontrar uma grande multidão ali reunida. Quando eu pedi uma explicação a um homem, ele respondeu: "Você não ouviu? Um escravo fugitivo que assassinou um dos guardas do rei foi levado à justiça e hoje será flagelado até a morte por seu crime. Até mesmo o próprio rei estará aqui".

"A multidão ao redor do poste de flagelação era tão densa que eu tinha medo de me aproximar dele para não estragar minha bandeja de bolos de mel. Então, subi a parede inacabada para olhar por cima das cabeças das pessoas. Tive a sorte de vislumbrar o próprio Nabucodonosor enquanto ele passava em sua carruagem dourada. Eu nunca havia visto tanta grandeza, tantas vestes e penduras de pano dourado e veludo".

"Eu não podia ver a flagelação, embora pudesse ouvir os gritos do pobre escravo. Eu me perguntava como alguém tão nobre como nosso rei poderia suportar ver tal sofrimento, mas quando o vi rindo e brincando com seus nobres, eu sabia que ele era cruel e entendi por que tais tarefas desumanas eram exigidas dos escravos que construíam os muros".

"Uma vez que o escravo estava morto, seu corpo foi pendurado em um poste com uma corda amarrada à perna para que todos pudessem vê-lo. À medida que a multidão começou a diminuir, eu me aproximei. No peito peludo, vi tatuadas duas cobras entrelaçadas. Era o Pirata. A próxima vez que encontrei Arad Gula, ele era um homem mudado. Cheio de entusiasmo, ele me saudou: "Eis que o escravo que você conhecia é agora um homem livre". Havia magia em suas palavras. Minhas vendas e meus lucros já estão aumentando. Minha esposa está encantada. Ela era uma mulher livre, sobrinha do meu mestre. Ela deseja que nos mudemos para uma cidade distante onde ninguém saberá que eu era um escravo. Então nossos filhos estarão acima de qualquer censura pela vergonha de seu pai".

-O trabalho se tornou minha melhor ajuda. Ele me permitiu recuperar minha confiança e minha capacidade de vender.

-Estou muito feliz por ter podido, mesmo de uma forma pequena, devolver o incentivo que ele me havia dado.

"Os costumes dos escravos na antiga Babilônia, por mais inconsistentes que nos pareçam, eram estritamente regulamentados por lei. Por exemplo, um escravo poderia possuir qualquer tipo de propriedade, mesmo outros escravos sobre os quais seu senhor não tinha direito. Os escravos casam livremente com não escravos. Os filhos de mães livres eram livres. A maioria dos comerciantes da cidade eram escravos.

Muitos deles estavam associados a seus senhores e eram ricos por direito próprio".

"Uma noite, Swasti veio até mim em grande angústia: "Seu mestre está em apuros. Eu temo por ele. Há alguns meses, ele perdeu muito nas mesas de jogo. Ele não paga ao agricultor por seu grão ou por seu mel. Ele não paga ao financiador. Eles se enfureceram e o ameaçaram".

-Por que devemos nos preocupar com sua loucura? Nós não somos seus guardiões", respondi sem pensar.

-Jovem bobo, você não entende. O credor recebeu seu título para garantir um empréstimo. De acordo com a lei, ele pode reclamá-lo e vendê-lo. Eu não sei o que fazer. Ele é um bom mestre. Por que isso está acontecendo?

-Oh, por que ele deveria ter tais problemas?

-Os temores de Swasti não eram infundados. Enquanto fazia os pães na manhã seguinte, o agiota voltou com um homem a quem ele chamou de Sasi. Este homem olhou para mim e disse que me levaria

"O agiota não esperou pelo retorno de meu mestre, mas disse a Swasti que lhe dissesse que ele me tinha levado. Com apenas minha túnica nas costas e minha bolsa de centavos pendurada em segurança no cinto, fui apressado para longe dos pães inacabados.

"Fui expulso de minhas mais queridas esperanças quando um furacão arrancou a árvore da floresta e a jogou no mar revolto. Novamente uma casa de jogo e uma cerveja de cevada me causaram um desastre".

"Sasi era um homem ríspido e brusco. Enquanto ele me guiava pela cidade, eu lhe falei sobre o bom trabalho que havia feito para Nana-naid e disse que esperava fazer um bom trabalho para ele. Sua resposta não foi encorajadora":

-Não gosto deste trabalho. Meu mestre não gosta disso. O rei lhe disse que o enviasse para construir uma seção do Grande Canal. O mestre diz ao Sasi para comprar mais escravos que irão trabalhar duro e terminar rapidamente. Bah, como um homem pode terminar um grande trabalho rapidamente?

-Imagine um deserto sem uma única árvore, apenas arbustos baixos e um sol que queima tão ferozmente que a água em nossos barris fica tão quente que dificilmente podemos bebê-la. Em seguida, imagine filas de homens, descendo na escavação profunda e arrastando cestos pesados de terra ao longo de caminhos lisos e poeirentos desde a luz do dia até o entardecer. Imagine os alimentos servidos em cochos abertos dos quais nos servimos como porcos. Não tínhamos barracas e não tínhamos palha para camas. Essa era a situação em que eu estava. Enterrei minha bolsa em um local marcado, pensando se alguma vez a desenterraria novamente.

"No início, trabalhei com boa vontade, mas com o passar dos meses, senti meu espírito quebrar. Então a febre do calor tomou conta do meu corpo cansado. Perdi o apetite e mal conseguia comer o cordeiro e as verduras. À noite, eu me revirava em uma vigília infeliz".

-Na minha miséria, eu me perguntava se Zabado não teria o melhor plano, contornar e evitar ter suas costas quebradas no trabalho. Então me lembrei da última vez que o vi e sabia que seu plano não era bom.

"Pensei no Pirata com sua amargura e me perguntei se não seria melhor lutar e matar. A memória de seu corpo sangrando me lembrou que seu plano também era fútil".

"Então lembrei-me da última vez que vi Megiddo. Suas mãos estavam profundamente calejadas pelo trabalho duro, mas seu coração era leve e havia felicidade em seu rosto. O seu era o melhor plano".

"No entanto, eu estava tão disposto a trabalhar quanto Megiddo; ele não poderia ter trabalhado mais do que eu. Por que meu trabalho não me trouxe felicidade e sucesso? Foi o trabalho que trouxe felicidade a Megiddo, ou foi a felicidade e o sucesso simplesmente doada pelos Deuses? Eu deveria trabalhar o resto de minha vida sem alcançar meus desejos, sem felicidade e sucesso? Todas estas perguntas estavam confundindo minha mente e eu não tinha resposta. Na verdade, eu estava muito confuso. Vários dias depois, quando eu parecia estar no final da minha resistência e minhas perguntas ainda sem resposta, Sasi mandou chamar-me. Um mensageiro tinha chegado de meu mestre para me levar de volta à Babilônia".

"Cavei minha preciosa carteira, envolvi-me nos pedaços da minha túnica e parti".

"Enquanto cavalgávamos, os mesmos pensamentos de um furacão rodopiando para frente e para trás continuaram correndo através do meu cérebro febril. Eu parecia estar vivendo as estranhas palavras de uma canção de minha cidade natal de Harroun":

"Assedie o homem como um redemoinho, conduza-o como uma tempestade, Cujo curso ninguém pode dobrar, Cujo destino ninguém pode prever".

"Estava eu destinado a ser castigado assim para sempre, sem saber por quê? Que novas misérias e decepções me esperavam"?

"Quando chegamos ao pátio da casa do meu mestre, imagine minha surpresa quando vi Arad Gula me esperando. Ele me ajudou a descer e me abraçou como um irmão perdido".

"Quando partimos, eu queria segui-lo como um escravo deveria seguir seu senhor, mas ele não me deixou. Ele colocou seu braço ao meu redor, dizendo: 'Procurei-o em todos os lugares'. Quando eu quase tinha perdido a esperança, encontrei Swasti, que me falou sobre o financiador, que me dirigiu ao seu nobre proprietário. Ele me fez um negócio difícil e me fez pagar um preço ultrajante, mas você vale a pena. Sua filosofia e seu empreendimento têm sido minha inspiração para este novo sucesso".

-A filosofia de Megiddo, não a minha", interrompi.

-A de Megiddo, assim como a sua. Graças a vocês dois, vamos para Damasco, e preciso de vocês como companhia. Veja! Exclamou ele, "Em um momento você será um homem livre"! Ao dizer isto, ele tirou debaixo de seu manto a tabuleta de barro com o meu título. Ele a levantou acima de sua cabeça e a jogou de modo que se estilhaçou em cem pedaços sobre os paralelepípedos. Ele alegremente pisoteou os fragmentos até virarem pó".

-Lágrimas de gratidão encheram meus olhos. Eu sabia que eu era o homem mais sortudo da Babilônia. O trabalho, veja só, na época de minha maior angústia, provou ser meu melhor amigo.

"Minha disposição para trabalhar me permitiu escapar de ser vendido para me juntar aos grupos de escravos nas muralhas. Também impressionou tanto seu avô que ele me escolheu como companheiro".

Então Hadan Gula perguntou: "O trabalho era a chave secreta do meu avô para os shekels de ouro"?

-É a única chave que eu tinha quando o conheci", respondeu Sharru Nada. "Seu avô gostava de trabalhar. Os Deuses apreciaram seus esforços e o recompensaram muito bem".

-Começo a ver", disse Hadan Gula pensativamente. "O trabalho atraiu seus muitos amigos, que admiraram sua industriosidade e o sucesso que lhe trouxe. O trabalho lhe trouxe as honras que ele tanto desfrutou em Damasco. O trabalho lhe trouxe todas aquelas coisas que eu aprovei. E eu pensava que o trabalho era apenas para escravos".

-A vida é rica em muitos prazeres para os homens", comentou Sharru Nada.

-Todas as pessoas têm seu lugar. Estou feliz que o trabalho não seja reservado aos escravos. Se assim fosse, eu ficaria privado de meu maior prazer. Eu gosto de muitas coisas, mas não há substituto para o trabalho.

Sharru Nada e Hadan Gula cavalgaram através das sombras das imponentes muralhas até as enormes portas de bronze da Babilônia. Ao se aproximarem, os guardas do portão ficaram atentos e saudaram respeitosamente um cidadão honrado. Com a cabeça erguida, Sharru Nada conduziu a longa caravana através dos portões e pelas ruas da cidade.

-Eu sempre esperei ser um homem como meu avô", confidenciou Hadan Gula. "Eu nunca percebi que tipo de homem ele era. Você me ensinou. Agora que entendo, admiro-o ainda mais e me sinto mais determinado a ser como ele. Receio nunca poder reembolsá-lo por me dar a verdadeira chave para seu sucesso. A partir de hoje, vou usar sua chave. Começarei humildemente como ele começou, o que corresponde à minha verdadeira posição muito melhor do que joias e vestes finas".

Então Hadan Gula tirou as joias de suas orelhas e os anéis de seus dedos. Depois, com seu cavalo, ele recuou e montou com profundo respeito atrás do líder da caravana.

25 frases-chaves

"O conselho é uma coisa gratuita, mas tenha cuidado para que você só aceite o conselho que vale a pena ter".

"Nossas ações não podem ser mais sensatas do que nossos pensamentos".

"Não custa nada pedir conselhos sábios a um bom amigo".

"Se você deseja ajudar seu amigo, faça-o de forma a não trazer os fardos de seu amigo para si mesmo".

"O aprendizado é de dois tipos: um é o que aprendemos e sabemos, e o outro é o treinamento que nos ensina a descobrir o que não sabemos" ....

"A força de vontade nada mais é do que uma determinação inabalável para realizar a tarefa que você se propôs a fazer".

"Quanto mais faminto você está, mais clara é sua mente, e também mais sensível você se torna aos cheiros dos alimentos".

"A razão de nunca termos encontrado a medida da riqueza é que nunca procuramos por ela".

"Quanto ao tempo, todos os homens têm muito dele".

"Onde há determinação, o caminho pode ser encontrado".

"'Uma parte de tudo que eu ganho é minha para manter'. Diga isso pela manhã, quando se levantar. Diga isso ao meio-dia. Diga isso à noite. Diga isso a cada hora de cada dia. Diga a si mesmo até que as palavras se destaquem como letras de fogo no céu".

"Nas coisas em que fazemos o nosso melhor, somos bem-sucedidos".

"Uma preparação adequada é a chave para nosso sucesso. Nossas ações não podem ser mais sábias do que nossos pensamentos. Nossos pensamentos não podem ser mais sábios do que nossa compreensão".

"Uma parte de tudo o que você ganha é sua para manter".

"A boa sorte pode ser atraída ao aceitar a oportunidade".

"A riqueza, como uma árvore, cresce a partir de uma pequena semente. O primeiro cobre que você economiza é a semente da qual sua árvore de riqueza crescerá. Quanto mais cedo você plantar essa semente, mais cedo a árvore crescerá. E quanto mais fielmente você nutrir e regar aquela árvore com economias constantes, mais cedo você desfrutará de contentamento sob sua sombra".

"Como você pode chamar-se um homem livre quando sua fraqueza o levou a isso? Se um homem tem em si a alma de um escravo, ele não se tornará um escravo independentemente de seu nascimento, assim como a água busca seu nível? Se um homem tem em si mesmo a alma de um homem livre, não será respeitado e honrado em sua própria cidade, apesar de sua desgraça"?

"O homem que, através de sua compreensão das leis da riqueza, adquire um excedente crescente, deveria pensar nesses dias futuros. Ele deve planejar certos investimentos ou provisões que podem durar muitos anos com segurança, mas que estarão disponíveis quando chegar o momento que ele tão sabiamente antecipou".

"Os pensamentos da juventude", continuou ele, "são luzes brilhantes que brilham como os meteoros que muitas vezes fazem o céu brilhar, mas a sabedoria da idade é como as estrelas fixas que brilham tão imutavelmente que o marinheiro pode confiar nelas para conduzir seu rumo".

"A oportunidade é uma deusa altiva que não perde seu tempo com os despreparados".

"Quando eu me proponho uma tarefa, eu a termino. Portanto, tenho o cuidado de não iniciar tarefas difíceis e impraticáveis, porque adoro o lazer".

"Mas muitas vezes a juventude pensa que a idade conhece apenas a sabedoria dos dias que se foram, e portanto não se beneficia. Mas lembre-se disto: o sol que brilha hoje é o sol que brilhou quando seu pai nasceu, e ainda estará brilhando quando seu último neto passar para a obscuridade".

"É melhor um pouco de cautela do que muito arrependimento".

"Os desejos devem ser simples e definitivos. Eles derrotam seu próprio propósito se forem muitos, muito confusos, ou além do treinamento de um homem para cumprir.

"Nossos atos sábios nos seguem através da vida para nos agradar e nos ajudar. Com a mesma certeza, nossos atos insensatos nos seguem para nos atormentar e perturbar. Infelizmente, eles não podem ser esquecidos. Na vanguarda dos tormentos que nos seguem estão as lembranças das coisas que deveríamos ter feito, das oportunidades que nos surgiram e das quais não aproveitamos".

"Com um novo entendimento, encontraremos maneiras honrosas de satisfazer nossos desejos".